महान् चाणक्य की जीवनगाथा

महान् चाणक्य की जीवनगाथा

महेश शर्मा

प्रभात पेपरबैक्स
www.prabhatbooks.com

प्रकाशक

प्रभात पेपरबैक्स

4/19 आसफ अली रोड, नई दिल्ली–110002

फोन : 23289555 • 23289666 • 23289777 ❖ फैक्स : 23253233

इ–मेल : prabhatbooks@gmail.com ❖ वेब ठिकाना : www.prabhatbooks.com

संस्करण

2020

मूल्य

एक सौ पचास रुपए

अ.मा.पु.स. 978-93-5048-995-6

मुद्रक

नरुला प्रिंटर्स, दिल्ली

★

MAHAN CHANAKYA KI JEEVAN GATHA

by Shri Mahesh Sharma

Published by **PRABHAT PAPERBACKS**

4/19 Asaf Ali Road, New Delhi-110002

ISBN 978-93-5048-995-6

₹ 150.00

दो शब्द

चाणक्य चंद्रगुप्त मौर्य के महामंत्री, गुरु, हितैषी तथा राज्य के संस्थापक थे। चंद्रगुप्त मौर्य को राजा पद पर प्रतिष्ठित करने का कार्य इन्हीं के बुद्धि-कौशल का परिणाम था। उन्हें भारत के एक महान् राजनीतिज्ञ और अर्थशास्त्री के रूप में जाना जाता है। जरा इन बातों पर गौर कीजिए—

जन्म के समय से ही चाणक्य के मुँह में पूरे दाँत थे, यह राजा या सम्राट् बनने की निशानी थी। लेकिन चूँकि उनका जन्म ब्राह्मण परिवार में हुआ था, इसलिए यह बात सच नहीं हो सकती थी। उनके दाँत उखाड़ दिए गए और यह भविष्यवाणी की गई कि वे किसी और व्यक्ति को राजा बनवाएँगे और उसके माध्यम से शासन करेंगे।

चाणक्य में जन्मजात नेतृत्वकर्ता के गुण मौजूद थे। वे अपने हमउम्र साथियों से कहीं अधिक बुद्धिमान और तार्किक थे।

चाणक्य कटु सत्य को कहने से भी नहीं चूकते थे। इसी कारण पाटलिपुत्र के राजा धननंद ने उन्हें अपने दरबार से बाहर निकाल दिया था। तभी चाणक्य ने प्रतिज्ञा की थी कि वे नंदवंश को जड़ से उखाड़ फेंकेंगे।

अपने लक्ष्य को पूरा करने के लिए चाणक्य ने बालक चंद्रगुप्त को चुना, क्योंकि उसमें जन्म से ही राजा बनने के सभी गुण मौजूद थे। प्राचीन भारतीय संस्कृत वाङ्मय के इतिहास में आचार्य विष्णुगुप्त चाणक्य अपने गुणों से मंडित, राजनीति विशारद, आचार-विचार के मर्मज्ञ, कूटनीति में

सिद्धहस्त एवं प्रवीण रूप में ख्यातनाम हैं। उन्होंने नंदवंश को समूल नष्ट कर उसके स्थान पर अपने सुयोग्य एवं मेधावी वीर शिष्य चंद्रगुप्त मौर्य को शासक पद पर सिंहासनारूढ़ करके अपनी जिस विलक्षण प्रतिभा का परिचय दिया उससे समस्त विश्व परिचित है।

मौर्यवंश की स्थापना आचार्य चाणक्य की एक महती उपलब्धि है। यह वह समय था, जब मौर्यकाल के प्रथम सिंहासनारूढ़ चंद्रगुप्त मौर्य शासक थे। उस समय चाणक्य राजनीति के गुरु थे। आज भी कुशल राजनीति विशारद् को चाणक्य की संज्ञा दी जाती है। चाणक्य ने संगठित, संपूर्ण आर्यावर्त का स्वप्न देखा था, तदनुरूप उन्होंने सफल प्रयास किया था। चाणक्य अनोखे, अद्‌भुत, निराले, ऐसे कुशल राजनीतिज्ञ थे कि उन्होंने मगध देश के नंद राजाओं की राजसत्ता का सर्वनाश करके 'मौर्य राज्य' की स्थापना की थी।

चाणक्य का जन्म का नाम विष्णुगुप्त था और चणक नामक आचार्य के पुत्र होने के कारण इनका नाम चाणक्य पड़ा। कुछ लोगों का मत है कि अत्यंत कुशाग्र बुद्धि होने के कारण वे 'चाणक्य' कहलाए। कुटिल राजनीति विशारद् होने के कारण इन्हें 'कौटिल्य' नाम से संबोधित किया गया। पर संभवतः यह इनके गोत्र का नाम रहा हो, किंतु अनेक विद्वानों के मतानुसार कुटिल नीति के निर्माता होने के कारण इनका नाम कौटिल्य पड़ा।

चाणक्य के जन्म-स्थान के बारे में इतिहास मौन है, परंतु उनकी शिक्षा-दीक्षा तक्षशिला विश्वविद्यालय में हुई थी। वे स्वभाव से आत्माभिमानी, चारित्रिक एवं विषय-दोषों से रहित, स्वरूप से कुरूप, बुद्धि से तीक्ष्ण, इरादे के पक्के, प्रतिभा के धनी, युगद्रष्टा एवं युगस्रष्टा थे। जन्म से पाटलिपुत्र के रहनेवाले चाणक्य के बुद्धिबल का पूरा विकास तक्षशिला के आचार्य के संरक्षण में हुआ। अपने प्रौढ़ ज्ञान के प्रभाव से वहाँ के विद्वानों को प्रसन्न कर चाणक्य राजनीति के प्राध्यापक बने। देश की दुर्व्यवस्था को देखकर उनका हृदय द्रवित हो उठा। इसके लिए उन्होंने विस्तृत कार्यक्रम बनाकर देश को एक सूत्र में बाँधने का संकल्प किया और इसमें उन्हें सफलता भी मिली।

चाणक्य का निवास-स्थान शहर से बाहर पर्णकुटी थी, जिसे देखकर

चीन के ऐतिहासिक-यात्री फाह्यान ने कहा था, ''इतने विशाल देश का प्रधानमंत्री ऐसी कुटिया में रहता है!'' तब उत्तर था चाणक्य का, ''जहाँ का प्रधानमंत्री साधारण कुटिया में रहता है वहाँ के निवासी भव्य भवनों में निवास किया करते हैं और जिस देश का प्रधानमंत्री राजप्रासादों में रहता है वहाँ की सामान्य जनता झोंपड़ियों में रहती है।''

चाणक्य की झोंपड़ी में एक ओर गोबर के उपलों को तोड़ने के लिए एक पत्थर पड़ा रहता था, दूसरी ओर शिष्यों द्वारा लाई हुई कुशा का ढेर। छत पर समिधाएँ सूखने के लिए डाली हुई थीं, जिसके भार से छत नीचे झुक गई थी। ऐसी जीर्ण-शीर्ण कुटिया चाणक्य की निवास-स्थली थी।

—लेखक

अनुक्रम

1

मगध साम्राज्य के निर्माता चाणक्य

साँप के फन में, मक्खी के मुख में और बिच्छु के डंक में जहर होता है, पर दुष्ट व्यक्ति के तो सारे शरीर में विष भरा होता है।

—आचार्य चाणक्य

इतिहास के महान् कूटनीतिज्ञ एवं राजनीतिज्ञ चाणक्य का जन्म ईसा पूर्व तीसरी या चौथी शताब्दी माना जाता है। उन्होंने मौर्य साम्राज्य की स्थापना और चंद्रगुप्त को सम्राट् बनाने में महत्त्वपूर्ण भूमिका निभाई। उनके पिता का नाम चणक था, इसी कारण उन्हें 'चाणक्य' कहा जाता है। वैसे उनका वास्तविक नाम विष्णुगुप्त था। कुटिल कुल में पैदा होने के कारण वे 'कौटिल्य' भी कहलाए।

लगनशील व्यक्तित्व

चाणक्य के जीवन से जुड़ी हुई कई कहानियाँ प्रचलित हैं। एक बार वे कहीं जा रहे थे, रास्ते में कुशा नाम की कँटीली झाड़ी पर उनका पैर पड़ गया, जिससे पैर में घाव हो गया। चाणक्य को कुशा पर बहुत क्रोध आया। उन्होंने वहीं संकल्प कर लिया कि जब तक कुशा को समूल नष्ट नहीं कर दूँगा तब तक चैन से नहीं बैठूँगा। वे उसी समय मट्ठा और कुदाली लेकर पहुँचे और

कुशों को उखाड़-उखाड़कर उनकी जड़ों में मट्ठा डालने लगे, ताकि कुशा पुनः न उग आए। इस कहानी से पता चलता है कि चाणक्य कितने कठोर, दृढ़ संकल्पवाले और लगनशील व्यक्ति थे। जब वे किसी काम को करने का निश्चय कर लेते थे, तब उसे पूरा किए बिना चैन से नहीं बैठते थे।

चाणक्य की शिक्षा-दीक्षा

चाणक्य की शिक्षा-दीक्षा तक्षशिला में हुई। तक्षशिला उस समय का विश्व-प्रसिद्ध विश्वविद्यालय था। देश-विदेश के विभिन्न छात्र वहाँ शिक्षा प्राप्त करने आते थे। छात्रों को चारों वेद, धनुर्विद्या, हाथी और घोड़ों का संचालन, अठारह कलाओं के साथ-साथ न्यायशास्त्र, चिकित्साशास्त्र, राजनीतिशास्त्र, सामाजिक कल्याण आदि के बारे में शिक्षा दी जाती थी। चाणक्य ने भी ऐसी ही उच्च शिक्षा प्राप्त की। फलतः बुद्धिमान चाणक्य का व्यक्तित्व तराशे हुए हीरे के समान चमक उठा। तक्षशिला में अपनी विद्वत्ता और बुद्धिमत्ता का परचम फहराने के बाद वे वहीं राजनीतिशास्त्र के आचार्य बन गए। देश भर में उनकी विद्वत्ता की चर्चा होने लगी।

तत्कालीन मगध

उस समय पाटलिपुत्र मगध राज्य की राजधानी थी और वहाँ धननंद नाम का राजा राज्य करता था। मगध देश का सबसे बड़ा राज्य था और धननंद उसका शक्तिशाली राजा। लेकिन धननंद अत्यंत लोभी और भोगी-विलासी था। प्रजा उससे संतुष्ट नहीं थी।

चाणक्य एक बार राजा से मिलने के लिए पाटलिपुत्र आए। वे देशहित में धननंद को प्रेरित करने आए थे, ताकि वे छोटे-छोटे राज्यों में बँटे देश को आपसी वैर-भावना भूलकर एकसूत्र में पिरो सकें। लेकिन धननंद ने चाणक्य का प्रस्ताव ठुकरा दिया और उन्हें अपमानित करके दरबार से निकाल दिया। इससे चाणक्य के स्वाभिमान को गहरी चोट लगी और वे बहुत क्रोधित हुए। अपने स्वभाव के अनुकूल उन्होंने चोटी खोलकर दृढ़ संकल्प किया कि जब तक वह धननंद को अपदस्थ करके उसका समूल विनाश न कर देंगे तब तक

चोटी में गाँठ नहीं लगाएँगे। जब धननंद को इस संकल्प की बात पता चली तो उसने क्रोधित होकर चाणक्य को बंदी बनाने का आदेश दे दिया। लेकिन जब तक चाणक्य को बंदी बनाया जाता, तब तक वे वहाँ से निकल चुके थे। महल से बाहर आते ही उन्होंने संन्यासी का वेश धारण किया और पाटलिपुत्र में ही छिपकर रहने लगे।

एक दिन चाणक्य की भेंट बालक चंद्रगुप्त से हुई, जो उस समय अपने साथियों के साथ राजा और प्रजा का खेल खेल रहा था। राजा के रूप में चंद्रगुप्त जिस कौशल से अपने संगी-साथियों की समस्या को सुलझा रहा था वह चाणक्य को भीतर तक प्रभावित कर गया। चाणक्य को चंद्रगुप्त में भावी राजा की झलक दिखाई देने लगी। उन्होंने चंद्रगुप्त के बारे में विस्तृत जानकारी हासिल की और उसे अपने साथ तक्षशिला ले गए। वहाँ चाणक्य ने चंद्रगुप्त को वेद-शास्त्रों से लेकर युद्ध और राजनीति तक की शिक्षा दी। लगभग आठ साल तक अपने संरक्षण में चंद्रगुप्त को शिक्षित करके चाणक्य ने उसे एक शूरवीर बना दिया। उन्हीं दिनों विश्वविजय पर निकले यूनानी सम्राट् सिकंदर विभिन्न देशों पर विजय प्राप्त करता हुआ भारत की ओर बढ़ा चला आ रहा था। गांधार का राजा आंभी सिकंदर का साथ देकर अपने पुराने शत्रु राजा पुरु को सबक सिखाना चाहता था।

चाणक्य को आंभी की यह योजना पता चली तो वे उसे समझाने के लिए गए। आंभी से चाणक्य ने इस संदर्भ में विस्तारपूर्वक बातचीत की, उसे समझाना चाहा, विदेशी हमलावरों से देश की रक्षा करने के लिए उसे प्रेरित करना चाहा, किंतु आंभी ने चाणक्य की एक भी बात नहीं मानी। वह सिकंदर का साथ देने के लिए कटिबद्ध रहा। कुछ ही दिनों बाद जब सिकंदर गांधार प्रदेश में प्रविष्ट हुआ तो आंभी ने उसका जोरदार स्वागत किया। आंभी ने उसके सम्मान में एक विशाल जनसभा का आयोजन किया, जिसमें गांधार के प्रतिष्ठित व्यक्तियों के साथ-साथ तक्षशिला के आचार्य और छात्र भी आमंत्रित किए गए थे। इस सभा में चाणक्य और उनके शिष्य चंद्रगुप्त भी उपस्थित थे। सभा के दौरान सिकंदर के सम्मान में उसकी प्रशंसा के पुल बाँधे गए। उसे महान् बताते हुए देवताओं

से उसकी तुलना की गई, सिकंदर ने अपने व्याख्यान में अप्रत्यक्षत: भारतीयों को धमकी सी दी कि उनकी भलाई इसी में है कि वे उसकी सत्ता स्वीकार कर लें। चाणक्य ने सिकंदर की इस धमकी का खुलकर बड़ी ही संतुलित भाषा में विरोध किया। वे विदेशी हमलावरों से देश की रक्षा करना चाहते थे। चाणक्य के विचारों और नीतियों से सिकंदर प्रभावित अवश्य हुआ, लेकिन विश्वविजय की लालसा के कारण वह युद्ध से विमुख नहीं होना चाहता था।

सभा विसर्जन के बाद चाणक्य ने चंद्रगुप्त के सहयोग से तक्षशिला के पाँच सौ छात्रों को संगठित किया और उन्हें लेकर राजा पुरु से भेंट की। चाणक्य को देशहित में पुरु का सहयोग मिलने में कोई कठिनाई नहीं हुई। जल्दी ही सिकंदर ने पुरु पर चढ़ाई कर दी। पुरु को चाणक्य और चंद्रगुप्त का सहयोग प्राप्त था, इसलिए उसका मनोबल बढ़ा हुआ था। युद्ध में पुरु और उसकी सेना ने सिकंदर के छक्के छुड़ा दिए, लेकिन अचानक सेना के हाथी विचलित हो गए, जिससे पुरु की सेना में भगदड़ मच गई। सिकंदर ने उसका पूरा-पूरा लाभ उठाया और पुरु को बंदी बना लिया। बाद में उसने पुरु से संधि कर ली। यह देखकर चाणक्य ने चंद्रगुप्त को साथ लेकर पुरु का साथ छोड़ने में ही भलाई समझी। इसके बाद चाणक्य अन्य राजाओं से मिले और उन्हें सिकंदर से युद्ध के लिए प्रेरित करते रहे। इसी बीच सिकंदर की सेना में फूट पड़ गई। सैनिक लंबे समय से अपने परिवारों से बिछुड़े हुए थे और युद्ध से ऊब चुके थे। इसलिए वे घर जाना चाहते थे। इसी बीच सिकंदर के विरुद्ध चाणक्य और चंद्रगुप्त के नेतृत्व में विभिन्न राजागण सिर उठाने लगे थे। यह देखकर सिकंदर ने यूनान लौटने का फैसला कर लिया। कुछ ही दिनों में बीमारी से उसकी मौत हो गई।

मगध सम्राट् चंद्रगुप्त

अब चाणक्य के समक्ष धननंद को अपदस्थ करके एक विशाल साम्राज्य की स्थापना करने का लक्ष्य था। इस बीच चंद्रगुप्त ने देश-प्रेमी क्षत्रियों की एक सेना संगठित कर ली थी। अत: चाणक्य ने चंद्रगुप्त को मगध पर आक्रमण

करने को प्रेरित किया। अपनी कूटनीति के बल पर चाणक्य ने चंद्रगुप्त को मगध पर विजय दिलवाई। इस युद्ध में राजा धननंद की मौत हो गई। चाणक्य ने चंद्रगुप्त को मगध का सम्राट् घोषित कर दिया। बड़े जोर-शोर से उसका स्वागत हुआ। चंद्रगुप्त अपने गुरु चाणक्य को महामंत्री बनाना चाहता था, किंतु चाणक्य ने यह पद स्वीकार नहीं किया। वह मगध के पूर्व महामंत्री 'राक्षस' को ही यह पद देना चाहते थे। किंतु राक्षस पहले ही कहीं छिप गया था और अपने राजा धननंद की मौत का बदला लेने का अवसर ढूँढ़ रहा था। चाणक्य यह बात जानते थे। उन्होंने राक्षस को खोजने के लिए गुप्तचर लगा दिए और एक कूटनीतिक चाल द्वारा राक्षस को बंदी बना लिया। चाणक्य ने राक्षस को कोई सजा नहीं दी, बल्कि चंद्रगुप्त को सलाह दी कि वह उसके तमाम अपराध क्षमा करके उसे महामंत्री पद पर प्रतिष्ठित करे। चाणक्य खुद गंगा के तट पर एक आश्रम बनाकर रहने लगे। वहीं से वे राज्य की रीति-नीति का निर्धारण करते और चंद्रगुप्त को यथायोग्य परामर्श देते रहते।

अपनी प्रखर कूटनीति द्वारा आचार्य चाणक्य ने बिखरे हुए भारतीयों को राष्ट्रीयता के सूत्र में पिरोकर महान् राष्ट्र की स्थापना की। किंतु विशाल मौर्य साम्राज्य के संस्थापक होते हुए भी वे अत्यंत निर्लोभी थे। पाटलिपुत्र के महलों में न रहकर वे गंगातट पर बनी एक साधारण सी कुटिया में रहते थे और गोबर के उपलों पर अपना भोजन स्वयं तैयार करते थे। चाणक्य द्वारा स्थापित मौर्य साम्राज्य कालांतर में एक महान् साम्राज्य बना। चंद्रगुप्त ने उनके मार्गदर्शन में लगभग चौबीस वर्ष राज्य किया और पश्चिम में गांधार से लेकर पूर्व में बंगाल और उत्तर में कश्मीर से लेकर दक्षिण में मैसूर तक एक विशाल साम्राज्य की स्थापना की।

आचार्य चाणक्य द्वारा रचित 'अर्थशास्त्र' एवं 'नीतिशास्त्र' नामक ग्रंथों की गणना विश्व की महान् कृतियों में की जाती है। चाणक्य नीति में वर्णित सूत्र का उपयोग आज भी राजनीति के मार्गदर्शक सिद्धांतों के रूप में किया जाता है।

□

2

पूर्ववर्ती आर्यावर्त

वह जो अपने परिवार से अत्यधिक जुड़ा हुआ है, उसे भय और चिंता का सामना करना पड़ता है, क्योंकि सभी दुःखों की जड़ लगाव है, इसलिए खुश रहने कि लिए लगाव छोड़ देना चाहिए।

—आचार्य चाणक्य

जब सिकंदर का भारत पर आक्रमण हुआ, तब भारत का आर्यावर्त खंड ईरान की सीमाओं तक फैला था, लेकिन यह आर्यावर्त खंड टुकड़ों में बँटा था। प्राचीन भारत के अनेक जनपदों में से एक था महाजनपद मगध।

मगध पर क्रूर धननंद का शासन था, जो बिंबिसार और अजातशत्रु का वंशज था। सबसे शक्तिशाली शासक होने के बावजूद उसे अपने राज्य और देश की कोई चिंता नहीं थी। अति विलासी और हर समय राग-रंग में मस्त रहनेवाले इस क्रूर शासक को पता नहीं था कि देश की सीमाएँ कितनी असुरक्षित होकर यूनानी आक्रमणकारियों द्वारा हथियाई जा रही हैं। हालाँकि 16 महाजनपदों में बँटे भारत में उसका जनपद सबसे शक्तिशाली था।

बौद्ध काल तथा परवर्ती काल में मगध उत्तर भारत का सर्वाधिक

शक्तिशाली जनपद था। पहले इसकी राजधानी गिरिव्रज (राजगीर) थी, बाद में इसकी राजधानी पाटलिपुत्र बनी। इस राज्य में अति प्रसिद्ध एक नगर था—वैशाली। यहाँ की एक नगरवधू विश्व प्रसिद्ध थी, जिसे 'आम्रपाली' कहा जाता था। आम्रपाली बौद्ध काल में वैशाली के वृज्जिसंघ की इतिहास प्रसिद्ध राजनृत्यांगना थी।

पहले इस मगध पर वृहद्रथ के वीर पराक्रमी पुत्र और कृष्ण के दुश्मनों में से एक जरासंध का शासन था, जिसके संबंध यवनों से घनिष्ठ थे। जरासंध के इतिहास के अंतिम शासक निपुंजय की हत्या उनके मंत्री सुनिक ने की और उसका पुत्र प्रद्योत मगध के सिंहासन पर आरूढ़ हुआ।

प्रद्योत वंश के 5 शासकों के अंत के 138 वर्ष पश्चात् ईसा से 642 वर्ष पूर्व शिशुनाग मगध के राजसिंहासन पर आरूढ़ हुआ। मगध के राजनीतिक उत्थान की शुरुआत ईसा पूर्व 528 से शुरू हुई, जब बिंबिसार ने सत्ता सँभाली। बिंबिसार के बाद अजातशत्रु ने उसके कार्यों को आगे बढ़ाया।

अजातशत्रु ने विज्यों (वृज्जिसंघ) से युद्ध कर पाटलीग्राम में एक दुर्ग बनाया। बाद में अजातशत्रु के पुत्र उदयन ने गंगा और सोन के तट पर मगध की नई राजधानी पाटलिपुत्र नामक नगर की स्थापना की। पाटलिपुत्र के राजसिंहासन पर आरूढ़ हुए नंदवंश के प्रथम शासक महापद्म नंद ने एक विशाल साम्राज्य की स्थापना की और मगध साम्राज्य के अंतिम नंद धननंद ने उत्तराधिकारी के रूप में सत्ता सँभाली। बस इसी अंतिम धननंद के शासन को उखाड़ फेंकने के लिए चाणक्य ने शपथ ली थी। हालाँकि धननंद का असली नाम कुछ और था, लेकिन वह धननंद नाम से ज्यादा प्रसिद्ध हुआ।

तमिल भाषा की एक कविता और कथासरित्सागर के अनुसार नंद की '99 करोड़ स्वर्ण मुद्राओं' का उल्लेख मिलता है। कहा जाता है कि उसने गंगा नदी की तली में एक चट्टान खुदवाकर उसमें अपना सारा खजाना गाड़ दिया था।

चणक की चिंता

मगध के सीमावर्ती नगर में एक साधारण ब्राह्मण आचार्य चणक रहते

थे। चणक को हर वक्त देश की चिंता सताती रहती थी। एक ओर जहाँ यूनानी आक्रमण हो रहा था तो दूसरी ओर पड़ोसी राज्य मालवा, पारस, सिंधु तथा पर्वतीय प्रदेश के राजा भी मगध का शासन हथियाना चाहते थे। चणक ने तय किया था कि मैं अपने पुत्र कौटिल्य को ऐसी शिक्षा दूँगा कि राज्य और राजा उसके सामने समर्पण कर देंगे। चणक किसी तरह महामात्य के पद तक पहुँचना चाहते थे। इसके लिए उन्होंने अपने मित्र अमात्य शकटार से मंत्रणा कर धननंद को उखाड़ फेंकने की योजना बनाई। अमात्य शकटार महल के द्वारपालों का प्रमुख था, लेकिन गुप्तचर द्वारा महामात्य राक्षस और कात्यायन को इस षड्यंत्र का पता लग गया। गुप्त संदेश द्वारा चणक और शकटार की मुलाकात का पता चल गया। उसने धननंद को इस षड्यंत्र की जानकारी दी। दरअसल, शकटार के खुद के भरोसेमंद द्वारपाल देवीदत्त ने यह गुप्त सुचना पहुँचाई थी।

चणक की दुःखद हत्या

महामात्य ने देवीदत्त से चणक की सारी जानकारी ली और उन्होंने चणक को बंदी बना लिए जाने का आदेश दिया। यह बात सबसे पहले चणक के पुत्र कौटिल्य को पता चली, जबकि वे बहुत ही छोटी उम्र के थे। चणक को बंदी बना लिया गया और राज्य भर में खबर फैल गई कि राजद्रोह के अपराध में एक ब्राह्मण की हत्या की जाएगी।

चणक का कटा हुआ सिर राजधानी के चौराहे पर टाँग दिया गया। पिता के कटे हुए सिर को देखकर कौटिल्य (चाणक्य) की आँखों से आँसू टपक रहे थे। उस वक्त चाणक्य की आयु 14 वर्ष थी। रात के अँधेरे में उन्होंने बाँस पर टँगे अपने पिता के सिर को धीरे-धीरे नीचे उतारा और एक कपड़े में लपेटा।

चाणक्य की शपथ

अकेले पुत्र ने पिता का दाह-संस्कार किया। तब कौटिल्य ने गंगा का जल हाथ में लेकर शपथ ली, ''हे गंगे, जब तक हत्यारे धननंद से अपने पिता की हत्या का प्रतिशोध नहीं लूँगा तब तक पकाई हुई कोई वस्तु नहीं खाऊँगा।

जब तक महामात्य के रक्त से अपने बाल नहीं रँग लूँगा तब तक यह शिखा खुली ही रखूँगा। मेरे पिता का तर्पण तब तक पूर्ण नहीं होगा, जब तक कि हत्यारे धननंद का रक्त पिता की राख पर नहीं चढ़ा दूँगा। हे यमराज! धननंद का नाम तुम अपने लेखे से काट दो। उसकी मृत्यु का लेख अब मैं ही लिखूँगा।''

प्रतिशोध की ज्वाला में जल रहे चणक पुत्र कौटिल्य जब एक जंगल में मूर्च्छित पड़े थे तब एक पंडित ने उनके चेहरे पर पानी के छींटें मारे और तब उनकी चेतना जाग्रत् हुई। ऋषि ने पूछा, ''बेटा, तेरा नाम क्या है?'' कौटिल्य ने सोचा, कौटिल्य या चणक नाम इस पंडित को पता नहीं चले अन्यथा धननंद को पता चल जाएगा कि मैं कौन हूँ, यही सोचकर कौटिल्य ने अपना नाम विष्णुगुप्त बताया।

विष्णुगुप्त ने कहा, ''मैं कई दिनों से भूखा हूँ, चक्कर आने पर गिर गया था। दयालु ईश्वर, आप मुझ अनाथ पर कृपा करें।'' पंडित ने कहा, ''कोई बात नहीं, तुम मेरे साथ चलो। मैं एक गाँव का अध्यापक हूँ और मैं भी अकेला हूँ।''

उन विद्वान् पंडित का नाम राधामोहन था। राधामोहन ने विष्णुगुप्त को सहारा दिया। कुछ दिनों तक गाँव में रहने के बाद उन्होंने विष्णुगुप्त से कहा, ''मेरे एक सहपाठी पुंडरीकाक्ष हैं, जो आजकल तक्षशिला (वर्तमान पाकिस्तान के रावलपिंडी जिले में) में आचार्य के पद पर पदस्थ हैं। मैं तुम्हें उनके नाम एक पत्र लिखता हूँ। ईश्वर ने चाहा तो तुम्हारी प्रतिभा के आधार पर तुम्हारा चयन हो जाएगा।''

इस तरह चाणक्य ने तक्षशिला विश्वविद्यालय में प्रवेश के लिए अपने जीवन का पहला कदम बढ़ाया। समय बीतता गया और अपने ज्ञान, विनम्रता, निष्ठा और लगन के बल पर विष्णुगुप्त ने सभी आचार्यों और विद्यार्थियों का दिल जीत लिया। इस विद्यालय में जहाँ देश-विदेश के धनाढ्य लोगों के पुत्र पढ़ने आते थे, वहीं राजा-महाराजा के पुत्र भी पढ़ते थे।

अंत में कुलपति के अनुरोध पर विष्णुगुप्त इस विश्वविद्यालय के आचार्य

पद पर आसीन हुए। जब विष्णुगुप्त आचार्य थे, तब सिकंदर का आक्रमण हुआ था। मातृभूमि की रक्षा के लिए विष्णुगुप्त ने सभी राजाओं से पोरस की रक्षा करने का आह्वान किया। सबसे शक्तिशाली राजा धननंद ही था। उस वक्त चाणक्य उर्फ विष्णुगुप्त की उम्र लगभग 45 वर्ष की थी और उस वक्त तक्षशिला का राजा आंभी था। आंभी तो पोरस (पुरु) से ईर्ष्या रखता था तो वह क्यों साथ देता।

सिकंदर ने एक रात जब झेलम नदी उफान पर थी तब पोरस के राज्य पर आक्रमण कर दिया। पोरस ने सोचा था कि सिकंदर तब आक्रमण करेगा जब झेलम का उफान कम होगा, लेकिन अचानक हुए इस आक्रमण से पोरस को हार का सामना करना पड़ा।

पोरस को बंदी बना लिया गया तब सिकंदर ने उससे पूछा, ''आपके साथ कैसा व्यवहार किया जाए?'' पोरस ने कहा, ''वही जो एक राजा दूसरे राजा के साथ करता है।'' पोरस का यह जवाब सुनकर सिकंदर उससे बहुत प्रभावित हुआ और उसने पोरस के राज्य पर से अपना अधिकार हटा लिया, लेकिन आस-पास के राज्यों पर आक्रमण कर उन्हें तहस-नहस कर दिया। सिकंदर की हार और तक्षशिला पर सिकंदर के प्रवेश के बाद विष्णुगुप्त अपने गृहप्रदेश मगध चले गए।

□

3

धननंद को चुनौती

जब आप किसी काम की शुरुआत करें, तो असफलता से न डरें और उस काम को न छोड़ें। जो लोग ईमानदारी से काम करते हैं वे सबसे प्रसन्न रहते हैं।

—आचार्य चाणक्य

चणक पुत्र कौटिल्य के रूप में पहचान लिये जाने के डर से विष्णुगुप्त ने अपने नगर तक्षशिला के बाहर ही रहना पसंद किया। एक दिन उनके पैर में एक कुशा चुभ गया। वे कुशा के संपूर्ण मार्ग पर मट्ठा डालने लगे, तभी एक वृद्ध ने कहा, "कुशा पर गुस्सा क्यों करते हो ब्राह्मण?" विष्णुगुप्त ने सिर उठाकर देखा तो वे चौंक गए, क्योंकि यह तो उनके पिता का मित्र शकटार था, जो अब बेहद ही वृद्ध हो चला था।

दोनों ने एक-दूसरे को पहचानने का प्रयास किया। विष्णुगुप्त शकटार को अपनी कुटिया में ले गए और पहले उन्होंने राज्य के हाल-चाल जाने। शकटार ने कहा, "धननंद तो अब और भी विलासिता और निरंकुशता में रहता है और अब राज्य का वास्तविक शासक तो महामात्य राक्षस ही है। राक्षस ने विरोध करनेवाले सभी लोगों को मार दिया था।"

अंत में चाणक्य ने शकटार को बताया कि वे ही कौटिल्य हैं। इसके बाद उन्होंने शकटार के रथ में बैठकर अपने नगर का भ्रमण किया। राजमहल भी देखा और राजदरबार की व्यवस्था भी देखी। उस समय राजदरबार में नर्तकियाँ नृत्य कर रही थीं।

इसके बाद राज्य की साप्ताहिक समीक्षा की काररवाई शुरू हुई। विष्णुगुप्त से अश्लील नृत्य और राजा की चाटुकारिता देखी नहीं गई और रोष में भरकर वे दरबार के मध्य में आ गए। इस अज्ञात ब्राह्मण को देख सभी चौंक गए। साँवला लेकिन तेजयुक्त शरीर, केशहीन सिर पर खुली हुई शिखा, गले में रुद्राक्ष की माला, यज्ञोपवीत आदि देख राजा भी चौंका और सँभलकर प्रश्न किया, ''क्या बात है ब्राह्मणदेव! आप कौन हैं? कहाँ से आए हैं?''

चाणक्य ने उस दरबार में क्रोधवश ही अपना परिचय तक्षशिला के आचार्य के रूप में दिया और राज्य के प्रति अपनी चिंता व्यक्त की। उन्होंने यूनानी आक्रमण की बात भी बताई और शंका जाहिर की कि यूनानी हमारे राज्य पर भी आक्रमण करनेवाला है। इस दौरान उन्होंने राजा धननंद को खूब खरी-खोटी सुनाई।

विष्णुगुप्त की बात सुनकर राजा भड़क गया और उसने पूछा, ''इस मूर्ख ब्राह्मण को कौन लाया है यहाँ पर?'' तब शकटार खड़े हुए और उन्होंने कहा, ''महाराज क्षमा! मैं तक्षशिला के तेजस्वी ब्राह्मण को आपके यहाँ लाया था। इन्हें आचार्य विष्णुगुप्त कहते हैं, जिनके ज्ञान की चर्चा दूर-दूर तक है और जो रसायन, ज्योतिष, अर्थशास्त्र आदि के प्रकांड विद्वान् हैं।''

राजा ने चाणक्य को देखकर उपहास किया, ''प्रकांड पंडित। तेजस्वी विद्वान्। यह कुरूप और शक्तिहीन काला ब्राह्मण? अरे शकटार, क्यों आचार्य विष्णुगुप्त को बदनाम और अपमानित करते हो?''

राजा के उपहास उड़ाने के साथ ही सभी चाटुकारी दरबारी भी जोर-जोर से हँसने लगे। तब विष्णुगुप्त ने अपनी शपथ राजा धननंद के समक्ष दोहराई। इससे पूर्व कि राजा चाणक्य को बंदी बनाने के आदेश देते, विष्णुगुप्त तेज कदमों से चलकर महल से बाहर निकल गए।

कुछ दिनों बाद शकटार के द्वार पर एक रात्रि एक बेहद वृद्ध भिक्षु आकर रुका और द्वारपाल से बोला कि शकटार से कहो, कौटिल्य आया है उनसे मिलने। चाणक्य ने वेश बदल लिया था।

चाणक्य जानते थे कि इस वक्त राजा के सैनिक विष्णुगुप्त को खोज रहे थे और कौटिल्य नाम केवल शकटार ही जानते थे। यह अजीब संयोग ही था कि पिता के साथ हुई घटना कौटिल्य दोहरा रहे थे। उनके पिता ने भी इसी तरह रात्रि में शकटार से मंत्रणा की थी और बाद में उनका सिर कलम कर दिया गया था। शकटार को जब यह पता चला तो वे चौंक गए और फिर सहज भाव से बोले, ''आने दो उसे भीतर।''

कौटिल्य जब भीतर पहुँचे तो शकटार ने पूछा, ''तुम ये क्या कर रहे हो चाणक्य? किसी ने देख लिया तो हम दोनों मारे जाएँगे।''

चाणक्य ने कहा, ''कुछ नहीं होगा, निश्चिंत रहो।''

तब शकटार और चाणक्य के बीच धननंद के शासन को उखाड़ फेंकने पर विचार-मंत्रणा हुई। चाणक्य ने कहा, ''हमें मगध के भावी शासक की खोज करनी होगी।'' बड़े सोच-विचार के बाद शकटार ने बताया कि एक युवक है, जो धननंद के अत्याचारों से त्रस्त है। उसका नाम चंद्रगुप्त है।

शकटार ने आगे कहा, ''मुझे उस बालक में अपार संभावनाएँ नजर आईं, जब वह अपने मित्रों के साथ राजा-प्रजा का खेल खेल रहा था, जिसमें वह राजा बना हुआ था। वह अन्य बालकों की अपेक्षा सुदृढ़ शरीर और विचारोंवाला है। उसमें नेतृत्व क्षमता गजब की है। जब मैं उसका खेल देख रहा था तभी वहाँ पता नहीं कहाँ से एक चीता आ धमका और वह मेरी ओर लपका। अन्य बालक इधर-उधर भाग गए, लेकिन बालक चंद्रगुप्त ने अपनी तलवार निकाली और चीते के मुझ तक पहुँचने से पहले ही उससे भिड़ गया और उसने चीते को धराशायी कर दिया।''

जब मैंने उसे पूछा कि तुम इतने वीर और साहसी कैसे बने? तो वह बोला, 'मैं राजा बना था, राजा का काम अपनी प्रजा की रक्षा करना होता है, इसलिए मैं अकेला ही लड़ा और फिर मुझे राजा धननंद से भी तो अकेले ही

लड़ना है।' मैंने पूछा, 'क्यों?' उसने कहा, 'क्योंकि उस क्रूर ने मेरी माता को अपमानित कर उन्हें राजभवन से निकाल दिया था।'

शकटार ने कौटिल्य से आगे कहा, "बाद में खोजबीन करने पर पता चला कि वह राजा धननंद की परमसुंदरी दासी मुरा का पुत्र है। किसी संदेह के कारण धननंद ने मुरा को जंगल में रहने के लिए विवश कर दिया था। आज वही मुरा जंगल में जैसे-तैसे अपना गुजारा कर रही है।"

शकटार से चंद्रगुप्त के बारे में जानने के बाद चाणक्य और भी ज्यादा उत्सुक हो गए और उनके मन में चंद्रगुप्त से मिलने की जिज्ञासा बढ़ गई। अगले दिन शकटार और चाणक्य ज्योतिष का वेश धरकर उस जंगल में पहुँच गए, जहाँ मुरा रहती थी और जिस जंगल में अत्यंत ही भोले-भाले, लेकिन लड़ाकू प्रवृत्ति के आदिवासी और वनवासी जाति के लोग रहते थे।

उक्त आदिवासियों से जब शकटार और चाणक्य ने पूछा कि मुरा और चंद्रगुप्त कहाँ रहते हैं तो वे उन्हें एक झोंपड़ी में ले गए, जहाँ बहुत ही दरिद्र अवस्था में मुरा बैठी थी, जो अपने किशोर बालक को पत्तल पर भोजन परोस रही थी।

झोंपड़ी में बहुत ही मामूली सा सामान था। खजूर के पत्ते, उसी से बने हुए कुछ पंखे, ढाक के पत्ते और उसी से बने कुछ पत्तल-दोने, बाँस से बने कुछ तीर-कमान आदि रखे हुए थे। सोने-बिछाने और बैठने के लिए एक चटाई और कुछ आसन और जहाँ-तहाँ बिखरे टूटे-फूटे बरतन, जो मिट्टी के बने थे।

मुरा ने दो अज्ञात अतिथियों को आया देखकर उनके लिए झोंपड़ी के द्वार के पास ही चटाई बिछा दी। किशोर चंद्रगुप्त ने उठकर हाथ धोए और फिर दोनों आगुंतकों के चरण छुए। चाणक्य ने उक्त किशोर को गौर से देखा फिर ध्यान से मुरा को देखा।

कुछ देर बाद शकटार ने अपने आने का कारण मुरा को बताया। मुरा ने कहा, "यही एक पुत्र तो मुझ दुखियारी के जीने का सहारा है, इसे आपको कैसे दे दूँ?"

तब चाणक्य ने कहा, ''देवी, तुम धन्य हो जो तुम्हें ऐसा संस्कारवान पुत्र उत्पन्न हुआ। तुमने इस संकट और विपत्ति के समय में भी इसे वीरता और धीरता की शिक्षा दी। आज मगध राजा धननंद के अत्याचारों से त्रस्त है। ऐसे समय में मगध को एक नए राजा की आवश्यकता है और तुम्हारे पुत्र के ललाट पर हम राजयोग देख रहे हैं।''

चाणक्य ने कुछ देर रुककर फिर कहा, ''मातृभूमि की रक्षा के लिए हमें ऐसे ही वीर, धीर और बुद्धिमान युवक की तलाश है, जो उच्च वर्ग नहीं बल्कि साधारण वर्ग का हो और जिसमें नेतृत्व क्षमता हो।''

मुरा ने लंबी साँस भरकर कहा, ''लेकिन ब्राह्मणश्रेष्ठ! आपकी बातें तो ठीक हैं, फिर भी मैं कैसे अपने एकमात्र पुत्र को राजनीति के खेल में बलिदान करने के लिए दे दूँ? क्या आप धननंद और अमात्य राक्षस को जानते हैं? मैं जानती हूँ। उन तक यह खबर पहुँच गई तो!''

चाणक्य ने उसे बीच में टोकते हुए कहा, ''कौटिल्य किसी का बलिदान नहीं चाहता। कौटिल्य के होते धननंद और उसकी सेना चंद्रगुप्त का बाल भी बाँका नहीं कर सकती। इसका मैं आपको वचन देता हूँ कि आपका ही पुत्र मगध के सिंहासन पर विराजमान होगा।''

चाणक्य ने किसी भी तरह मुरा को समझाया। अंत में मुरा ने कहा, ''मैं अपने कलेजे के टुकड़े को आपको सौंपने के लिए तैयार हूँ। अब आप ही इसके संरक्षक और अन्नदाता हैं, बस मैं यह चाहती हूँ कि यह दीर्घायु रहे।''

यह सारा वार्त्तालाप चंद्रगुप्त मौन रहकर सुन रहा था। मुरा से बात करने के बात चाणक्य ने चंद्रगुप्त की ओर देखा और पूछा, ''अब मैं चाहता हूँ कि तुम इस विषय में क्या कहना चाहते हो? क्या मेरे साथ चलोगे या अपना रास्ता अलग बनाओगे?''

चंद्रगुप्त बोला, ''स्वामी! मातृभूमि की रक्षा के लिए रास्ते अलग-अलग नहीं हुआ करते। अलग-अलग रास्ते भी एक हो जाते हैं, जैसे सभी नदियाँ समुद्र में मिलकर शक्तिशाली बन जाती हैं उसी तरह मुझे भी आपके ज्ञान के समुद्र में मिलने में कोई संकोच नहीं। चंद्रगुप्त हर उस परीक्षा के लिए

तैयार है, जिससे आपका प्रयोजन सिद्ध होता हो। मेरा उद्देश्य सिर्फ अपनी माता के अपमान का बदला लेना है। माता और मातृभूमि की रक्षा के लिए आज से मैं आपका दास बनने का संकल्प लेता हूँ।''

यह सुनकर चाणक्य ने चंद्रगुप्त को अपने हृदय से लगा लिया। उन्होंने मुरा को प्रणाम किया और उन्हें 1,000 सिक्के दिए और फिर शकटार के साथ झोंपड़ी से बाहर आ गए। अब वे दो नहीं, बल्कि तीन थे। शकटार तो अपने भवन की ओर चले गए, लेकिन चंद्रगुप्त को लेकर चाणक्य किसी अज्ञात स्थान पर चले गए।

□

4

चंद्रगुप्त का प्रशिक्षण एवं सैन्य संगठन

सेवक को तब परखें जब वह काम न कर रहा हो, रिश्तेदार को किसी कठिनाई में, मित्र को संकट में और पत्नी को घोर विपत्ति में।

—आचार्य चाणक्य

धननंद साम्राज्य से टक्कर लेना कोई आसान खेल नहीं था। राक्षस और कात्यायन जैसे कुटिल नीतिज्ञ और धननंद जैसे क्रूर शासक के होते हुए सिकंदर जैसा योद्धा भी व्यास-सतलुज से लौट गया था। कोई भी शासक धननंद से टकराने का साहस नहीं करता था, क्योंकि उसके पास सेना में दो लाख पैदल सेना, बीस हजार घुड़सवार सेना, दो हजार रथ और तीन हजार हाथी थे। ऐसे में धननंद के शासन को उखाड़ फेंकने का साहस कौन कर सकता था? इसके लिए कठिन तैयारी, सैन्य शक्ति और व्यापक जन-समर्थन की आवश्यकता थी।

चाणक्य ने अपनी नीति के अनुसार चंद्रगुप्त को पहले शास्त्र सिखाए, फिर अस्त्र-शस्त्र और फिर राजनीति एवं गोपनीयता का पाठ पढ़ाया। इसके बाद धैर्य एवं तुरंत निर्णय लेने की क्षमता के लिए ध्यान कराया और फिर जब

चंद्रगुप्त अच्छे से तैयार हो गया, तब उन्होंने एक दिन उसे बुलाकर कहा, ''तुम्हारी परीक्षा का समय आ गया है। अब तुम्हें परीक्षा देनी है।''

चंद्रगुप्त ने चाणक्य को प्रणाम किया और बोला, ''हे गुरुश्रेष्ठ! आप आज्ञा कीजिए। आपने मुझे हर तरह की परीक्षा के लिए तैयार किया है। आपके कारण मेरा जो आत्मविश्वास बढ़ा है अब मैं धननंद से टक्कर लेने के लिए तैयार हूँ।''

चाणक्य ने कहा, ''जाओ फिर से उसी जंगल में, जहाँ से तुम आए हो। आदिवासियों और जनजातियों के लोगों को इकट्ठा करो और उनमें से योद्धाओं को चुनो और एक 'राष्ट्रीय सेना' का गठन करो। आदिवासियों में जनचेतना जाग्रत् करो, लेकिन ध्यान रहे, ये कार्य बहुत ही गुप्त तरीके से करना है। जब यह कार्य संपन्न हो जाए, तब तुम मेरे पास आना।''

चाणक्य को प्रणाम करते हुए चंद्रगुप्त ने कहा, ''जो आज्ञा गुरुदेव।'' और चंद्रगुप्त ने अपने तीर-कमान उठाए, तलवार को कमर में खोसा और घोड़े पर सवार होकर फिर से उसी जंगल की ओर चल दिया। अब वह किशोर नहीं युवा चंद्रगुप्त था।

चंद्रगुप्त के जाने के बाद चाणक्य ने एक संन्यासी का वेश धरा और अपना नाम वात्स्यायन रखा। उन्होंने अपने कुछ शिष्यों के साथ मिलकर शहर एवं ग्रामीण इलाके में यह घोषणा करा दी कि धर्म तथा नीति के महापंडित आचार्य वात्स्यायन जन-जागरण और धर्म की रक्षा का संदेश लेकर देश भर की यात्रा पर निकले हैं और वे हमारे राज्य मगध में भी प्रवेश कर रहे हैं। आचार्य वात्स्यायन चौक-चौराहों और बस्ती में लोगों को धर्म की शिक्षा देंगे। आशा है कि आप महापंडित से मुक्ति और शांति लाभ प्राप्त करेंगे।

इस तरह मगध की राजधानी तक्षशिला में चाणक्य ने वेश बदलकर लोगों में धर्म की आड़ में जन-जागृति फैलाई और अप्रत्यक्ष रूप से धननंद के प्रति फैले गुस्से को अपने हित में इस्तेमाल करना शुरू कर दिया। वे लोगों में चेतना जगाते और गुपचुप तरीके से नवयुवकों से कहते, 'तुम्हें राष्ट्रीय सेना में शामिल होना चाहिए।'

शहर और ग्रामीण इलाकों में वात्स्यायन प्रवचन के लिए लोगों को इकट्ठा करते और धननंद के शासन से त्रस्त नागरिकों को उसके खिलाफ राष्ट्रीय सेना में सम्मिलित होने के लिए प्रेरित करते। राष्ट्रीय भावना से ओत-प्रोत उनके भाषण इतने ओजस्वी होते थे कि लोग उनके पीछे-पीछे हो लेते थे। हजारों की संख्या में लोग उनके शिष्य बनते गए। वात्स्यायन ने साधु बने युवकों को भी भारत के प्रति बलिदान देने का आह्वान किया और इस तरह धीरे-धीरे उन्होंने लोगों का एक राष्ट्रीय संगठन बना लिया।

इस तरह एक ओर जहाँ चंद्रगुप्त आदिवासियों और वनवासियों के बीच सेना के गठन में लग गए, वहीं चाणक्य ने शहरी और शहर से लगे ग्रामीण इलाकों के लोगों में जन-जाग्रति फैलाकर एक नई गुप्त सेना का गठन कर लिया। दोनों ने लोगों को मगध की वास्तविक स्थिति और विदेशी आक्रमण तथा विदेशियों द्वारा हड़पी गई भारत-भूमि के बारे में बताना शुरू किया।

धीरे-धीरे चंद्रगुप्त के प्रभावशाली व्यक्तित्व और नेतृत्व क्षमता के बल पर लोग उनमें भावी राजा के लक्षण देखने लगे। राष्ट्रीय सेना में युवकों की संख्या बढ़ने लगी। सभी के बीच राष्ट्र भावना जाग्रत् होने लगी। सभी राष्ट्र आराधना करने लगे। राष्ट्रगीत गाने लगे। शहर और ग्रामीण इलाके के नवयुवक भी राष्ट्रीय सेना में शामिल होकर जंगल में अस्त्र एवं शस्त्र विद्या सीखने लगे। देखते-ही-देखते समूचा आदिवासी एवं जंगल का इलाका युद्धकला में पारंगत योद्धाओं की शरणस्थली के रूप में बदल गया। तक्षशिला के आस-पास जंगलों में गुप्त रूप से एक समानांतर सेना हलचल में आ गई थी।

अंत में मगध के पटल पर वात्स्यायन के ओजस्वी भाषण एवं चंद्रगुप्त की नेतृत्व क्षमता के बल पर एक राष्ट्रीय सैन्य शक्ति का उभार सभी को दिखने लगा और इस राज्य से पृथक इस सेना की चर्चा दूर-दूर तक फैलने लगी।

इसकी खबर मगध के दरबार में भी पहुँची। एक गुप्तचर दौड़ता हुआ कात्यायन और राक्षस के पास आया, "अमात्य की जय हो, राज्य के खिलाफ षड्यंत्र किया जा रहा है और अब कुछ करने का समय आ गया है, हे मगध रक्षक।" मगध के राजा धननंद की नींद टूट गई। मंत्री राक्षस और कात्यायन

के कान खड़े हो गए।

मंत्रिमंडल की आपात बैठक में धननंद, कात्यायन, राक्षस सहित सभी इलाकों के प्रधान शामिल हुए और गहन मंत्रणा के बाद घोषणा की गई कि किसी भी तरह राज्य की सुरक्षा हम लोगों की जिम्मेदारी है। हमें यह सुनिश्चित करना है कि यह संन्यासी चाहता क्या है। यदि यह राजद्रोह भड़काकर शासन हड़पना चाहता है तो यह हमारे लिए चुनौती है।

राक्षस ने सभी को संबोधित करते हुए कहा, ''ऐसे किसी भी कृत्य को सख्ती से कुचलना सभी संघों और सेनापतियों की जिम्मेदारी है। सभी को यह सुनिश्चित कर लेना चाहिए कि अब इस तरह की किसी भी प्रकार की धार्मिक गतिविधियों को राज्य में संचालित नहीं किया जाए।'' और इस तरह राज्य में षड्यंत्र और हत्याओं का दौर शुरू हो गया। चाणक्य को उसी के तरीके से जवाब देने के तरीके अपनाए जाने लगे।

और वह दिन भी आ गया जिसके लिए राष्ट्रीय सेना का गठन किया गया था। चाणक्य के इशारे पर चंद्रगुप्त ने विद्रोह का बिगुल बजा दिया। तक्षशिला के सीमांत क्षेत्रों से विद्रोह के समाचार आने लगे। एक ओर चंद्रगुप्त ने राष्ट्रीय सेना के साथ मगध को चारों ओर से घेर लिया तो दूसरी ओर चाणक्य ने अन्य राजाओं से मिलकर मगध के खिलाफ राष्ट्रीय स्तर पर समर्थन जुटाने का कार्य शुरू कर दिया। अमात्य राक्षस और कात्यायन को समझ में नहीं आ रहा था कि यह अचानक हो क्या रहा है। चाणक्य की कूटनीति के कारण उनके गुप्तचर चंद्रगुप्त तक पहुँच नहीं पा रहे थे और उन्हें न तो चाणक्य की कोई सूचना मिलती और न ही चंद्रगुप्त की।

अंतत: राक्षस के सचेत रहने से नंद की सेना भी सेनापति वक्रराज एवं उनके अधीन राजाओं सन्नधराज और सिंहनाद के नेतृत्व में युद्धभूमि में आ डटी। उन्होंने चंद्रगुप्त की सेना से मुकाबला करना शुरू कर दिया। मगध की विशाल और अस्त्र-शस्त्र से सुसज्जित सेना के आगे चंद्रगुप्त की अल्प लेकिन साहसी सेना मुकाबला कर रही थी। लेकिन जब चंद्रगुप्त ने देखा कि वह किसी भी समय मगध की सेना से घिर सकता है तो उसने भागने का निश्चय किया।

और वह अपने घोड़े को तेज गति से दौड़ाता हुआ, सैनिकों के बीच से बचता हुआ अंततः अपने अज्ञात शिविर में लौट गया। शिविर में पहुँचकर उसने देखा कि वहाँ पहले से ही चाणक्य विराजमान थे। चाणक्य ने चंद्रगुप्त को हताश देखकर सांत्वना भरे स्वर में कहा, ''वीर पुरुष जय-पराजय पर आँसू नहीं बहाते। उनका कार्य मात्र लक्ष्य का पीछा करना होता है। इस पराजय से शिक्षा लो और क्यों पराजित हुए, इसकी खोज करो।''

कुछ देर रुकने के बाद चाणक्य ने चंद्रगुप्त की ओर पीठ करके कहा, ''अपनी शक्ति पुनः एकत्रित करो, पुनः लोगों में उत्साह भरो, किंतु चुप और गुपचुप रहकर, क्योंकि राक्षस अब चुप नहीं बैठेगा। उसके गुप्तचर चारों ओर फैल गए हैं। अब तुम्हारे लिए चुनौती बढ़ गई है। अपनी गुप्तचर व्यवस्था को और सुदृढ़ करो।''

पुनः चंद्रगुप्त की ओर मुड़कर चाणक्य ने कहा, ''सावधान! रणक्षेत्र में तो मेरी युक्ति काम कर गई थी, जिसके चलते तुम बच निकलने में सफल रहे, क्योंकि मैंने तुम्हारे ही दो समरूपों को युद्ध के अग्रिम मोरचे पर भेज दिया था। राक्षस समरूप के जाल में फँस गया और उसमें से एक वीरगति को प्राप्त हुआ दूसरा बंदी बना लिया गया है। अब तुम्हें और सावधान रहने की जरूरत है। इस शिविर तक राक्षस के सैनिक कभी भी पहुँच सकते हैं।'' चाणक्य की बात सुनकर चंद्रगुप्त अवाक् रह गया।

□

5

उतावलापन न करने की सीख

संतुलित दिमाग जैसी कोई सादगी नहीं है, संतोष जैसा कोई सुख नहीं है, लोभ जैसी कोई बीमारी नहीं है और दया जैसा कोई पुण्य नहीं है।

—आचार्य चाणक्य

चंद्रगुप्त और चाणक्य ने शिविर को छोड़ा और जंगल की ओर निकल पड़े। दोनों वेश बदल-बदलकर ग्रामीण इलाकों में या जंगलों में आदिवासियों के बीच रहते। एक शाम दोनों को भूख सता रही थी तो वे एक झोंपड़ी के पास रुके। उन्होंने झोंपड़ी के भीतर झाँककर देखा।

झोंपड़ी के भीतर एक बालक बैठा था। वह भोजन कर रहा था। उसके सामने कुछ रोटियाँ रखी थीं। वह रोटियों को मध्य से खाता और किनारे सुरक्षित छोड़ देता था। शायद किनारे कुछ मोटे होने कारण उसे खाने में दिक्कत हो रही थी। यह देख उसकी माँ ने कहा, ''बेटा, खाना ठीक से खाओ। उस चंद्रगुप्त की तरह मत करो।''

बेटे ने कहा, ''माँ! मैं तो ठीक तरह से ही तो खा रहा हूँ।''

माँ ने कहा, ''नहीं बेटा। तुम चंद्रगुप्त की तरह ही भूल कर रहे हो।''

इस बात को सुनकर चाणक्य से न रहा गया। वे अपनी भूख को भूल गए और उन्हें यह जानने की तीव्र इच्छा होने लगी कि चंद्रगुप्त ने ऐसी क्या भूल की है कि जो मैं भी नहीं समझ पाया। यह सोचते हुए वे झोंपड़ी में भीतर आ गए। एक आगंतुक को आया देख स्त्री ने खड़े होकर पूछा, "जी! कहिए?"

चाणक्य बोले, "बहन! इधर से जा रहे थे कि प्यास लगी तो यहाँ चले आए। यहाँ आकर देखा कि आप अपने बालक को डाँट रही हैं और डाँटते वक्त चंद्रगुप्त का उदाहरण दे रही हैं। ऐसी क्या भूल कर दी उस वीर पुरुष ने, जो कि उसकी भूल आपको इतनी चुभ रही है?"

उस स्त्री ने पहले तो चाणक्य को घूरकर देखा फिर कहा, "हमने उससे बहुत आस लगाई थी। सोचा था कि अब अच्छा राज आएगा। क्रूर शासन का अंत होगा, लेकिन उसकी भूल के कारण वह हारा ही नहीं, बल्कि उसने हम सभी के सपने तोड़ दिए।"

कुछ देर रुकने के बाद वह बोली, "उसने उतावलेपन से काम किया और सीधे पाटलिपुत्र पर ही आक्रमण कर दिया। उसे पहले तक्षशिला के आस-पास के क्षेत्रों पर विजय प्राप्त कर उनको अपने अधीन रखना था, फिर शक्ति बढ़ाकर अंत में तक्षशिला पर आक्रमण करना था, अर्थात् वह किनारे को छोड़कर मध्य में आक्रमण करने लगा था।"

उस स्त्री के वाक्य चाणक्य के हृदय में तीर की तरह उतर गए और उन्होंने फिर से अपनी रणनीति पर विचार करना शुरू कर दिया।

इधर चंद्रगुप्त ने सीमावर्ती नगरों के वासियों को विश्वास दिलाया कि धननंद का हटाया जाना कितना और क्यों अनिवार्य है और उधर चाणक्य कैकेय नरेश पुरु से मिलने पहुँच गए। पुरु भी अपने साम्राज्य विस्तार की योजना बना रहे थे और वे धननंद से मन-ही-मन शत्रुता रखते थे, लेकिन उनकी कभी मगध पर आक्रमण करने की हिम्मत नहीं हुई।

चाणक्य ने पुरुराज को विश्वास में लिया और बोले, "मगध के नए शासक के रूप में मैंने चंद्रगुप्त को तैयार किया है।" अंततः दोनों के बीच भारत के विशाल क्षेत्र के बँटवारे को लेकर भी चर्चा हुई। उन्होंने कहा कि

मगध का कुछ भाग आपको दे दिया जाएगा, क्योंकि मगध बहुत ही विशाल क्षेत्र था। पुरु ने बहुत सोच-विचार के बाद पूछा, "लेकिन हम धननंद से किस तरह से लड़ेंगे?"

तब चाणक्य ने कहा, "हम सिकंदर की बची हुई सेना, आदिवासियों और विशाल जनसमर्थन के सहारे आगे बढ़ेंगे। आपकी सेना इन सभी को प्रशिक्षण देगी।"

पुरु ने चाणक्य की बात स्वीकार कर ली और अपने मंत्री को बुलाकर सैन्य तैयारी किए जाने का आदेश दिया।

पुरु की विशाल सेना व्यास नदी पार कर चंद्रगुप्त की सेना से मिल गई और एक विशालकाय क्षेत्र में सैन्य छावनी बन गई। विशाल सेना को देख चंद्रगुप्त ने अपने गुरु चाणक्य को प्रणाम किया और वे हर्षित हो उठे। चाणक्य ने उत्साह के साथ कहा, "आर्य! अब समय आ गया है कि तुम मगध पर आक्रमण करो।"

उन्होंने कहा, "तुम्हारे मार्ग को सरल बनाने के लिए पुरु की सेना लेकर आया हूँ। इन सबका संचालन करो।"

चंद्रगुप्त ने कहा, "गुरुश्रेष्ठ! सचमुच आप महान् हैं। आप तो हमारे वर्तमान और भविष्य के संचालक हैं। आपके होते यह चंद्रगुप्त कभी निराश नहीं हुआ। आज आपने चंद्रगुप्त की भुजाओं में हाथियों का बल भर दिया है।"

उस रात सैन्य शिविर में युद्ध की रणनीति बनाई गई। सेना को चार भागों में विभक्त किया गया और मुख्य सेना का संचालन स्वयं चंद्रगुप्त ने सँभाला और शेष का संचालन कुशल योद्धाओं को सौंप दिया। इसमें से एक का संचालन कुमार मलय ने किया, दूसरे का सिंहाक्ष ने और तीसरी टुकड़ी का संचालन आदिवासियों के प्रमुख ने सँभाला। इसके बाद चंद्रगुप्त ने पूरी ताकत के साथ मगध पर आक्रमण किया और धननंद को मौत के घाट उतारकर मगध पर कब्जा कर लिया।

□

6

चाणक्य का राष्ट्रधर्म

यदि किसी का स्वभाव अच्छा है तो उसे किसी और गुण की क्या जरूरत है। यदि आदमी के पास प्रसिद्धि है तो भला उसे और किसी श्रृंगार की क्या आवश्यकता है।

—आचार्य चाणक्य

एक बार सम्राट् चंद्रगुप्त अपने मंत्रियों के साथ एक विशेष मंत्रणा में व्यस्त थे कि प्रहरी ने सूचित किया कि आचार्य चाणक्य राजभवन में पधार रहे हैं। सम्राट् चकित रह गए। इस असमय में गुरु का आगमन! वे घबरा भी गए। अभी वे कुछ सोचते ही कि लंबे-लंबे डग भरते चाणक्य ने सभा में प्रवेश किया। सम्राट् चंद्रगुप्त सहित सभी सभासद सम्मान में उठ गए। सम्राट् ने गुरुदेव को सिंहासन पर आसीन होने को कहा।

आचार्य चाणक्य बोले, ''भावुक न बनो सम्राट्, अभी तुम्हारे समक्ष तुम्हारा गुरु नहीं, तुम्हारे राज्य का एक याचक खड़ा है, मुझे कुछ याचना करनी है।''

चंद्रगुप्त की आँखें डबडबा आईं। बोले, ''आप आज्ञा दें, समस्त राजपाट आपके चरणों में डाल दूँ।''

चाणक्य ने कहा, ''मैंने आपसे कहा भावना में न बहें, मेरी याचना सुनें।''

गुरुदेव की मुखमुद्रा देख सम्राट् चंद्रगुप्त गंभीर हो गए। बोले, ''आज्ञा दें।''

चाणक्य ने कहा, ''आज्ञा नहीं, याचना है कि मैं किसी निकटस्थ सघन वन में साधना करना चाहता हूँ। दो माह के लिए राजकार्य से मुक्त कर दें और यह स्मरण रहे वन में अनावश्यक मुझसे कोई मिलने न आए। आप भी नहीं। मेरा उचित प्रबंध करा दें।''

चंद्रगुप्त ने कहा, ''सबकुछ स्वीकार है।''

दूसरे दिन प्रबंध कर दिया गया। चाणक्य वन चले गए। अभी उन्हें वन गए एक सप्ताह भी न बीता था कि यूनान से सेल्युकस (सिकंदर के सेनापति) अपने जामाता चंद्रगुप्त से मिलने भारत पधारे। उनकी पुत्री हेलेन का विवाह चंद्रगुप्त से हुआ था। दो-चार दिन बाद उन्होंने चाणक्य से मिलने की इच्छा प्रकट कर दी।

सेल्युकस ने कहा, ''सम्राट्, आप वन में अपने गुप्तचर भेज दें। उन्हें मेरे बारे में कहें। वे मेरा बड़ा आदर करते हैं। कभी इनकार नहीं करेंगे।''

अपने श्वसुर की बात मान चंद्रगुप्त ने वैसा ही किया। गुप्तचर भेज दिए गए। चाणक्य ने उत्तर दिया, ''ससम्मान सेल्युकस वन लाए जाएँ, मुझे उनसे मिलकर प्रसन्नता होगी।''

सेना के संरक्षण में सेल्युकस वन पहुँचे। औपचारिक अभिवादन के बाद चाणक्य ने पूछा, ''मार्ग में कोई कष्ट तो नहीं हुआ।''

इस पर सेल्युकस ने कहा, ''भला आपके रहते मुझे कष्ट होगा? आपने मेरा बहुत खयाल रखा।''

न जाने इस उत्तर का चाणक्य पर क्या प्रभाव पड़ा कि वे बोल उठे, ''हाँ, सचमुच आपका मैंने बहुत खयाल रखा।''

इतना कहने के बाद चाणक्य ने सेल्युकस के भारत की भूमि पर कदम रखने के बाद से वन आने तक की सारी घटनाएँ सुना दीं। उसे इतना तक बताया कि सेल्युकस ने सम्राट् से क्या बात की, एकांत में अपनी पुत्री से क्या

बातें कीं। मार्ग में किस सैनिक से क्या पूछा।

सेल्युकस व्यथित हो गए। बोले, ''इतना अविश्वास? मेरी गुप्तचरी की गई। मेरा इतना अपमान।''

चाणक्य ने कहा, ''न तो अपमान, न अविश्वास और न ही गुप्तचरी। अपमान की तो बात मैं सोच भी नहीं सकता। सम्राट् भी इन दो महीनों में शायद न मिल पाते। आप हमारे अतिथि हैं। रह गई बात सूचनाओं की तो वह मेरा राष्ट्रधर्म है। आप कुछ भी हों, पर विदेशी हैं। अपनी मातृभूमि से आपकी जितनी प्रतिबद्धता है, वह इस राष्ट्र से नहीं हो सकती। यह स्वाभाविक भी है। मैं तो साम्राज्ञी की भी प्रत्येक गतिविधि पर दृष्टि रखता हूँ। मेरे इस धर्म को अन्यथा न लें। मेरी भावना समझें।''

सेल्युकस हैरान हो गया। वह चाणक्य के पैरों में गिर पड़ा। उसने कहा, ''जिस राष्ट्र में आप जैसे राष्ट्रभक्त हों, उस देश की ओर कोई आँख उठाकर भी नहीं देख सकता।''

□

7

जनसेवक चाणक्य

पृथ्वी सत्य की शक्ति द्वारा समर्थित है। ये सत्य की शक्ति ही है जो सूरज को चमक और हवा को वेग देती है। दरअसल सभी चीजें सत्य पर निर्भर करती हैं।

—आचार्य चाणक्य

एक बार मगध जनपद में भयंकर अकाल पड़ा। दैनिक मजदूरी पर जीवन चलानेवालों के सामने समस्या पैदा हो गई। उनके पास न खाने के लिए रोटी थी और न पहनने के लिए कपड़ा। वे क्या करें, कहाँ जाएँ? अकालग्रस्त लोगों को राहत पहुँचाने का अभियान प्रारंभ किया गया।

महामात्य चाणक्य एक साधारण सी झोंपड़ी में रहते थे। उन्होंने राहत कार्य की दृष्टि से घोषणा कराई, "अकाल से प्रभावित लोगों के पास गरम कपड़े नहीं हैं। सामने सर्दी का मौसम है। उनको सर्दी से बचाना है। सब लोग अपने-अपने घरों से कंबल लाकर दें।"

घोषणा की देरी थी। महामात्य के झोंपड़े में कपड़ों का ढेर लग गया। चाणक्य अपने झोंपड़े में बैठे थे। सामने नए-नए कंबलों का ढेर लगा था। उन्होंने एक फटा-पुराना सा कंबल ओढ़ रखा था। रात के समय वहाँ एक चोर घुस

गया। नए और अच्छे कंबलों की बात सुन उसका मन ललचा गया। चोर झोंपड़े में छिपकर खड़ा था। वह चाणक्य के सोने की प्रतीक्षा कर रहा था।

उधर एक विदेशी व्यक्ति चाणक्य से मिलने आया। चाणक्य को फटे-पुराने कंबल में लिपटे देख उसने पूछा, "आपके सामने अच्छे कंबलों का ढेर लगा है, फिर आपने यह फटा कंबल क्यों ओढ़ रखा है?"

जवाब मिला, "आप जिन कंबलों की ओर संकेत कर रहे हैं, वे सब जनता के हैं। जनता की चीज जनता के ही काम आएगी। ये मेरे लिए नहीं हैं।"

विदेशी यह सुनकर हैरान रह गया। चोर को ऐसा सबक मिला कि उसने चोरी करनी छोड़ दी।

चाणक्य के अनुसार आदर्श राज्य-संस्था वही है जिसकी योजनाएँ प्रजा को उसके भूमि, धन-धान्यादि पाते रहने के मूलाधिकार से वंचित कर देनेवाली न हों, उसे लंबी-चौड़ी योजनाओं के नाम से कर-भार से आक्रांत न कर डालें। राष्ट्रोद्धारक योजनाएँ राजकीय व्ययों में से बचत करके ही चलाई जानी चाहिए। राजा का ग्राह्य भाग देकर बचे प्रजा के टुकड़ों के भरोसे पर लंबी-चौड़ी योजना छेड़ बैठना प्रजा का उत्पीड़न है।

चाणक्य का साहित्य समाज में शांति, न्याय, सुशिक्षा, सर्वतोन्मुखी प्रगति सिखानेवाला ज्ञान-भंडार है। राजनीतिक शिक्षा का यह दायित्व है कि वह मानव समाज को राज्य-संस्थापन, संचालन, राष्ट्र-संरक्षण—तीनों काम सिखाए। चाणक्य ने जनसेवा और जीवन-मूल्यों को सीधे-सरल शब्दों में आपको समझाया है—

सुख का मूल धर्म है। राजनीति एवं अपने कार्यों का ज्ञान होना ही राजा या सरकार का धर्म है। इसी धर्म से देश सुखी रह सकता है, इसलिए इस धर्म को देश के सुख का मूल (जड़) कहा गया है।

धर्म का मूल अर्थ है। यह धर्म तभी बना रह सकता है, जब देश की आर्थिक स्थिति सही हो। अत: राजनीति को सही प्रकार से चलाने के लिए देश में धन-संपत्ति का होना आवश्यक है।

अर्थ का मूल राज्य है। राज्य में स्थिरता बनी रहे, दंगे-फसाद, युद्ध, भ्रष्टाचार आदि न हों। तभी कोई राज्य या देश धन-संपत्तिवाला बनता है। अर्थात् यदि देश में सुंदर व्यवस्था रहेगी, तो देश स्वयं खुशहाल हो जाएगा।

राज्य का मूल इंद्रियजय है। राज्य में यह स्थिरता तभी हो सकती है, जब वहाँ का राजा या शासन को चलानेवाले लोगों की इंद्रियाँ—उनके वश में हों। ये लोग अच्छे चाल-चलन वाले होंगे तो देश में स्थिरता अपने आप आ जाएगी।

इंद्रियजय का मूल विनय है। राज कैसे चलाया जाता है, इसका ज्ञान होने पर राजा सत्य को पहचान लेता है। सत्य को जान लेने पर उसका स्वभाव विनम्र, उदार हो जाता है, उसमें किसी प्रकार की बुराई नहीं रहती। वह सबसे अच्छा व्यवहार करता है। इसी को विनय कहा जाता है। विनयशील होने पर ही राजा अपनी इंद्रियों को वश में कर सकता है।

वृद्धों की सेवा ही विनय का मूल है। वृद्ध (बूढ़े) दो प्रकार के होते हैं—ज्ञान वृद्ध (जो ज्ञान में बड़े हों) और आयु वृद्ध (जो उम्र में बड़े हों)। यहाँ वृद्ध का अर्थ ज्ञान-वृद्ध अर्थात् ज्ञानी पुरुष है। ज्ञानी पुरुषों की संगति में रहकर ही विनय नामक गुण आता है।

वृद्ध-सेवा से सत्य ज्ञान प्राप्त होता है। ज्ञानी पुरुषों का सत्संगति करने से ही मनुष्य को कर्तव्य का ज्ञान होता है, अर्थात् क्या करना चाहिए और क्या नहीं करना चाहिए, यह ज्ञान होता है। इसी को सच्चा ज्ञान कहा जाता है।

विज्ञान (सत्य ज्ञान) से राजा अपने को योग्य बनाए। राजा ज्ञानी पुरुषों की संगति में रहकर प्राप्त किए ज्ञान से अपने को योग्य बनाए। तभी वह राज्य के शासन को चला पाएगा। राजा का यही कर्तव्य है।

अपने कर्तव्यों को जाननेवाला राजा ही जितात्मा होता है। इस प्रकार जो राजा अपने कर्तव्यों को अच्छी तरह से जान जाता है, वही अपनी इंद्रियों को वश में रख सकता है।

जितात्मा सभी संपत्तियाँ प्राप्त करता है। जो राजा अपनी इंद्रियों को वश में रखता है, उसकी सारी इच्छाएँ पूरी हो जाती हैं। उसे सारी धन-संपत्तियाँ प्राप्त होती हैं।

राजा के संपन्न होने पर प्रजा भी संपन्न हो जाती है। राजा या सरकार की व्यवस्था सुंदर होने से राजा या देश को संपन्नता प्राप्त होती है। देश के संपन्न होने पर देश की जनता अपने आप संपन्न हो जाती है।

प्रजा के संपन्न होने पर नेताहीन राज्य भी चलता है। यदि कभी एकाएक राजा की मृत्यु हो जाए या बीमार पड़ जाए और कोई भी शासन चलानेवाला न रहे, तो जनता के संपन्न होने पर ऐसे राज्य को कोई खतरा नहीं रहता। जनता कोई व्यवस्था कर लेती है और राज्य के कार्य चलते रहते हैं। ऐसी हालत में यदि जनता दुःखी होती है, तो वह राज्य समाप्त हो जाता है।

प्रजा का कोप सभी कोपों से भयंकर होता है। देश की जनता ही उसकी सबसे बड़ी शक्ति होती है, अतः सरकार को चाहिए कि वह जनता को सदा सुखी रखे। यदि सरकार उसे दुःखी रखेगी तो वह (जनता) सरकार के खिलाफ बगावत कर देगी। तब सरकार को कोई भी नहीं बचा सकेगा। इसीलिए कहा गया है कि जनता का गुस्सा सबसे भयंकर होता है।

अविनीत राजा के होने से राजा न होना अच्छा है। निकम्मे व्यक्ति के राजा बन जाने पर जनता दुःखी हो जाती है। अतः ऐसे राजा के होने पर भी योग्य जनता राज्य को चला लेती है।

एक ही पहिया रथ को नहीं चला पाता। जैसे एक ही पहिए से रथ नहीं चल पाता, उसी प्रकार राजा अकेला ही राज्य का शासन नहीं चला सकता। इसके लिए मंत्रियों की भी आवश्यकता होती है। राजा और मंत्री राज्य की गाड़ी को चलाने के लिए दो पहियों के समान हैं।

राजा श्रुतवान तथा उपधाशुद्ध को ही मंत्री बनाए। जिसे तर्कशास्त्र, दंडनीति तथा वार्त्ता का ज्ञान हो, अर्थात् जो राजनीति का पूरा जानकार हो, ऐसे व्यक्ति को पहले छिपे तौर पर अनेक प्रकार से लालच देकर परीक्षा लेनी चाहिए। इस परीक्षा में खरा उतरने पर ही उसे मंत्री बनाना चाहिए। कहने का अर्थ यह है कि मंत्री बनाया जानेवाला व्यक्ति राजनीति का अच्छा ज्ञाता हो ही, साथ ही उसका चरित्र भी उत्तम हो।

जैसे रात्रि में मनुष्य अंधे के समान बन जाता है, तब दीपक ही उसे

रास्ता दिखाता है, ऐसे ही राजा के सामने भी कभी कोई ऐसी समस्या आ जाती है कि उसे कुछ भी नहीं सूझता कि क्या करना चाहिए। तब मंत्रणा ही राह दिखाती है।

मंत्ररूपी चक्षुओं से राजा शत्रु की दुर्बलताओं को देखता है। मंत्रणा राजा के लिए आँखों के समान है। इसलिए वह मंत्रणा से शत्रु की कमजोरियों का पता लगाए और लाभ उठाए।

□

8

प्रजाहित ही राजहित

जिसका ज्ञान बस किताबों तक सीमित है और जिसका धन दूसरों के कब्जे में है, वह जरूरत पड़ने पर न अपना ज्ञान प्रयोग कर सकता है, न धन।

—आचार्य चाणक्य

एक बार चंद्रगुप्त ने चाणक्य से कहा, "आचार्य, नहीं बनना मुझे मगध का सम्राट्।"

चाणक्य ने पूछा, "क्यों?"

चंद्रगुप्त बोले, "जब से यहाँ आया हूँ, अपनी इच्छा से साँस तक नहीं ले सका हूँ। आपने मुझे एक स्वप्न दिया था चक्रवर्ती सम्राट् का, लेकिन यहाँ आने के बाद पता चला कि विष्णुगुप्त के लिए सम्राट् एक वेतन लेनेवाले नौकर से बढ़कर कुछ नहीं।"

चाणक्य बोले, "तूने ठीक ही सुना है चंद्रगुप्त। मेरे लिए सम्राट् एक नौकर से बढ़कर कुछ नहीं।"

चंद्रगुप्त बोले, "तो रखिए अपना साम्राज्य, मुझे नहीं बनना सम्राट्। अगर यही सुख है सम्राट् बनने का।"

चाणक्य बोले, ''चंद्रगुप्त! तुझे सुखी होना है।''

चंद्रगुप्त ने पूछा, ''क्या सम्राटों को सुखी नहीं होना चाहिए?''

चाणक्य बोले, ''मूर्ख! जब तक तेरे साम्राज्य में एक भी व्यक्ति भूखा है तो क्या तू सुखी रह पाएगा। सुख शिक्षक और सम्राटों के भाग्य में नहीं होता। भूल गया तू चंद्रगुप्त, मैंने तुझे साम्राज्य देने का वचन दिया था, सुख देने का नहीं। भूल गया तू कि प्रजा के हित में ही राजा का हित है। प्रजा के सुख में ही राजा का सुख है, सुख चाहता है तो पहले प्रजा को सुखी बना। तूने साम्राज्य अर्जित किया है, सुख अर्जित करने का मार्ग तेरे आगे खुला है।''

इस दृष्टांत का इतना गहरा असर हुआ कि चंद्रगुप्त अपने जीवन के अंतकाल में 40 दिनों तक भूखा रहा, क्योंकि उस समय मगध में भयंकर अकाल पड़ा था।

मेरा धन ज्ञान है

मगध के दरबार में एक बार एक ज्ञानसभा का आयोजन किया गया। इसमें देश के विभिन्न गुरुकुलों से आए छात्रों से आचार्य राजनीति से संबंधित प्रश्न पूछते हैं। राजा धननंद ज्ञानसभा में जाने के प्रति बहुत उत्साहित नहीं थे। उनके अनुसार, ''आचार्य एवं छात्र मुझ पर अपने खोखले आदर्शों एवं नीतियों को थोपने का प्रयास करेंगे।'' परंतु अपने अमात्य के कहने पर वे उस सभा में उपस्थित हुए। प्रश्नोत्तर आरंभ हुआ।

आचार्य : धर्म और अर्थ का स्रोत क्या है?

छात्र : धर्म और अर्थ का स्रोत राज्य है।

यहाँ धर्म से तात्पर्य किसी जाति, संप्रदाय अथवा पूजा-पद्धति विशेष से नहीं था। गुरुकुल छात्रों को धर्म की शिक्षा दे शेष जीवन-यापन के नियमों का ज्ञान कराते थे।

आचार्य : राज्य का मूल क्या है?

छात्र : राज्य का मूल राजा है।

आगे राज्य की उपमा एक वृक्ष से देकर छात्र ने राजा, मंत्री-

परिषद्, सेना आदि शासन के विभिन्न अंगों को प्रजा एवं देश की संपन्नता के लिए उत्तरदायी ठहराया। परंतु देश की संपन्नता से प्रत्येक का सुख सुनिश्चित नहीं होता।

आचार्य : सुख का मूल क्या है?

छात्र : सुख का मूल धर्म है।

आचार्य : धर्म का मूल क्या है?

छात्र : धर्म का मूल अर्थ है।

आचार्य : अर्थ का मूल क्या है?

छात्र : अर्थ का मूल राज्य है।

राज्य में यदि कोई व्यक्ति जाति, योग्यता आदि किसी भी कारण से अर्थोपार्जन नहीं कर सकता तो वह अधर्म को बढ़ावा देगा और दूसरों के दुःख का कारण भी बनेगा। यदि प्रत्येक जनपद केवल अपनी प्रजा के सुख के लिए प्रयास करता तो सीमा विवाद आदि के कारण संघर्ष की कोई आवश्यकता ही नहीं थी। शासन को और अधिक सुलभ करने के लिए प्रजा में कुल एवं परिवार की व्यवस्था से अपंगों का भी भरण-पोषण सुनिश्चित किया गया। गुरुकुलों को गृहस्थों से सहयोग मिलता था। फिर शासन की भी इन सामाजिक व्यवस्थाओं पर नजर रहती थी। सभा में आगे इन्हीं विषयों पर चर्चा हुई।

आचार्य : राजा का हित किसमें है?

छात्र : राजा का हित प्रजा के हित में है।

इस पर राजा धननंद ने क्रोधित होकर कहा, ''यदि मैं प्रजा का अहित करूँ तो मेरा भी अहित होगा। तो क्या शास्त्रों के आगे मेरी सामर्थ्य कुछ भी नहीं?'' छात्र के यह कहने पर कि शास्त्रों में राजा प्रजा के लिए केवल एक वेतनभोगी सेवक है, धननंद क्रुद्ध हो गया और छात्र के आचार्य चाणक्य से उसने कहा, ''क्यों ब्राह्मण, तू शास्त्रों की चर्चा नहीं करेगा, किसी राजपद अथवा धन के लिए

धननंद के आगे हाथ नहीं पसारेगा?''

इस पर चाणक्य ने कहा, ''मेरा धन ज्ञान है। यदि मेरे ज्ञान में शक्ति रही तो मैं अपना पोषण करनेवाले सम्राटों का निर्माण स्वयं कर लूँगा। मुझे धन एवं पद की कोई लालसा नहीं।'' इतना कहकर चाणक्य सभा छोड़कर चले गए।

□

9

अखंड भारत की स्थापना

हे बुद्धिमान लोगो! अपना धन उन्हीं को दो जो उसके योग्य हो और किसी को नहीं। बादलों द्वारा लिया गया समुद्र का जल हमेशा मीठा होता है।

—आचार्य चाणक्य

सबसे पहले अखंड भारत की परिकल्पना आचार्य चाणक्य ने ही की थी। उस समय भारत आर्यावर्त के नाम से जाना जाता था। तब भारत की सीमाएँ बहुत ही विस्तृत थीं, जो कि कई छोटे-छोटे साम्राज्य में विभाजित थीं। इन सभी साम्राज्यों को जोड़कर अखंड भारत बनाने का सपना आचार्य चाणक्य ने देखा था।

जब सम्राट् सिकंदर भारत पर आक्रमण के लिए आया तब चाणक्य ने कूटनीति से उसे पुनः लौटा दिया था। उस समय भारत के सभी साम्राज्यों में से एक सबसे शक्तिशाली साम्राज्य मगध था। मगध की राजधानी पाटलिपुत्र आज पटना के नाम से प्रसिद्ध है। मगध का सम्राट् धननंद हमेशा भोग-विलास में डूबा रहता था। प्रजा की उसे कोई चिंता नहीं थी। वह सभी छोटे-छोटे राजाओं से मनमाना कर वसूल करता था। धननंद ने अपनी सभा में

आचार्य चाणक्य का अपमान कर दिया था। तब चाणक्य ने धननंद का कुशासन समाप्त करने की प्रतिज्ञा ली।

प्रतिज्ञा को पूरा करने के लिए आचार्य चाणक्य ने एक सामान्य से बालक चंद्रगुप्त को तक्षशिला में शिक्षा दी। इसी बालक चंद्रगुप्त की मदद से चाणक्य ने धननंद का कुशासन समाप्त किया और अखंड भारत की स्थापना की।

सादगी की प्रतिमूर्ति

चाणक्य अपनी योग्यता और कर्तव्यपालन के लिए देश-विदेश में प्रसिद्ध थे। उन दिनों एक चीनी यात्री फाह्यान भारत आया। यहाँ घूमता-फिरता जब वह पाटलिपुत्र पहुँचा तो उसकी इच्छा चाणक्य से मिलने की हुई। उनसे मिले बिना उसे अपनी भारत यात्रा अधूरी महसूस हुई। पाटलिपुत्र उन दिनों मौर्य वंश की राजधानी थी। वहीं चाणक्य और सम्राट् चंद्रगुप्त मौर्य भी रहते थे, लेकिन उनके रहने का पता उस यात्री को नहीं था। लिहाजा पाटलिपुत्र में सुबह घूमता-फिरता वह गंगा किनारे पहुँचा। यहाँ उसने एक वृद्ध को देखा जो स्नान करके अब अपनी धोती धो रहा था। वह साँवले रंग का साधारण व्यक्ति लग रहा था, लेकिन उसके चहरे पर गंभीरता थी, उसके लौटने की प्रतीक्षा में यात्री एक तरफ खड़ा हो गया। वृद्ध ने धोती धोकर अपने घड़े में पानी भरा और वहाँ से चल दिया। जैसे ही वह यात्री के नजदीक पहुँचा, यात्री ने आगे बढ़कर भारतीय शैली में हाथ जोड़कर प्रणाम किया और बोला, ''महाशय, मैं चीन का निवासी हूँ, भारत में काफी घूमा हूँ, यहाँ के महामंत्री आचार्य चाणक्य के दर्शन करना चाहता हूँ। क्या आप मुझे उनसे मिलने का पता बता पाएँगे?''

वृद्ध ने यात्री का प्रणाम स्वीकार किया और आशीर्वाद दिया। फिर उस पर एक नजर डालते हुए बोला, ''अतिथि की सहायता करके मुझे प्रसन्नता होगी, आप कृपया मेरे साथ चलें।''

फिर आगे-आगे वह वृद्ध और पीछे-पीछे वह यात्री चल दिए। वह रास्ता नगर की ओर न जाकर जंगल की ओर जा रहा था। यात्री को आशंका हुई कि वह वृद्ध उसे किसी गलत स्थान पर तो नहीं ले जा रहा है। फिर भी

उस वृद्ध की नाराजगी के डर से वह कुछ कह नहीं पाया। वृद्ध के चहरे पर गंभीरता और तेज था, जिससे कि चीनी यात्री उसके सामने खुद को बहुत छोटा महसूस कर रहा था। उसे इस बात की भली-भाँति जानकारी थी कि भारत में अतिथियों के साथ अच्छा व्यवहार किया जाता है और संपूर्ण भारत में चाणक्य एवं सम्राट् चंद्रगुप्त का इतना दबदबा था कि कोई अपराध करने की हिम्मत नहीं कर सकता था। इसलिए वह अपनी सुरक्षा के प्रति निश्चिंत था। वह यही सोच रहा था कि चाणक्य के निवास स्थान में पहुँचने के लिए यह छोटा मार्ग होगा।

वृद्ध लंबे-लंबे डग भरते हुए काफी तेजी से चल रहा था। चीनी यात्री को उसके साथ चलने में काफी दिक्कत हो रही थी। नतीजतन वह पिछड़ने लगा। वृद्ध उस यात्री की परेशानी समझ गए व धीरे-धीरे चलने लगे। अब चीनी यात्री आराम से उसके साथ चलने लगा। रास्ते भर वे खामोशी से आगे बढ़ते रहे। थोड़ी देर बाद वृद्ध एक आश्रम के निकट पहुँचा, जहाँ चारों ओर शांति थी, तरह-तरह के फूल-पत्तियों से आश्रम घिरा हुआ था। वृद्ध वहाँ पहुँचकर रुका और यात्री को वहीं थोड़ी देर प्रतीक्षा करने के लिए कहकर आश्रम में चला गया। यात्री सोचने लगा कि वह वृद्ध शायद इसी आश्रम में रहता होगा और अब पानी का घड़ा और भीगे वस्त्र रखकर कहीं आगे चलेगा। कुछ क्षण बाद यात्री ने सुना, ''महामंत्री चाणक्य अपने अतिथि का स्वागत करते हैं, पधारिए महाशय।''

यात्री ने नजरें उठाईं और देखता रह गया। वही वृद्ध आश्रम के द्वार पर खड़ा उसका स्वागत कर रहा था। उसके मुँह से आश्चर्य से निकाल पड़ा, ''आप?''

''हाँ महाशय।'' वृद्ध बोला, ''मैं ही महामंत्री चाणक्य हूँ और यही मेरा निवास स्थान है। आप निश्चिंत होकर आश्रम में पधारें।''

यात्री ने आश्रम में प्रवेश किया, लेकिन उसके मन में यह आशंका बनी रही कि कहीं उसे मूर्ख तो नहीं बनाया जा रहा। वह इस बात पर यकीन ही नहीं कर पा रहा था कि एक महामंत्री इतनी सादगी का जीवन व्यतीत कर

सकता है। नदी पर अकेले ही पैदल स्नान के लिए जाना। वहाँ से स्वयं ही अपने वस्त्र धोना, घड़ा भरकर लाना और बस्ती से दूर आश्रम में रहना, यह सब चाणक्य जैसे विश्व-प्रसिद्ध व्यक्ति की ही दिनचर्या है।

उसने आश्रम में इधर-उधर देखा। साधारण किस्म का सामान था। एक कोने में उपलों का ढेर लगा हुआ था। वस्त्र सुखाने के लिए बाँस टँगा हुआ था। दूसरी तरफ मसाला पीसने के लिए सिल-बट्टा रखा था। कहीं कोई राजसी ठाट-बाट नहीं था।

चाणक्य ने यात्री को अपनी कुटिया में ले जाकर आदर सहित आसन पर बैठाया और स्वयं उसके सामने दूसरे आसन पर बैठ गए। यात्री के चेहरे पर बिखरे हुए भाव समझते हुए चाणक्य बोले, ''महाशय, शायद आप विश्वास नहीं कर पा रहे हैं कि इस विशाल राज्य का महामंत्री मैं ही हूँ तथा यह आश्रम ही महामंत्री का मूल निवास स्थान है। विश्वास कीजिए, ये दोनों ही बातें सच हैं। शायद आप भूल रहे हैं कि आप भारत में हैं, जहाँ कर्तव्यपालन को महत्त्व दिया जाता है, ऊपरी आडंबर को नहीं। यदि आपको राजसी ठाट-बाट देखना है तो आप सम्राट् के निवास स्थान पर पधारें, राज्य का स्वामी और उसका प्रतीक सम्राट् होता है, महामंत्री नहीं।''

चाणक्य की बातें सुनकर चीनी यात्री को खुद पर बहुत लज्जा आई कि उसने व्यर्थ ही चाणक्य और उनके निवास स्थान के बारे में शंका की। इत्तेफाक से उसी समय वहाँ सम्राट् चंद्रगुप्त अपने कुछ कर्मचारियों के साथ आ गए। उन्होंने अपने गुरु के पैर छुए और कहा, ''गुरुदेव, राजकार्य के संबंध में आपसे कुछ सलाह लेनी थी, इसलिए उपस्थित हुआ हूँ।''

चाणक्य ने आशीर्वाद देते हुए कहा, ''उस संबंध में हम फिर कभी बात कर लेंगे, अभी तो तुम हमारे अतिथि से मिलो, ये चीनी यात्री हैं। इन्हें तुम अपने राजमहल ले जाओ। इनका भली-भाँति स्वागत करो और फिर संध्या को भोजन के बाद इन्हें मेरे पास ले आना, तब इनसे बातें करेंगे।''

सम्राट् चंद्रगुप्त आचार्य को प्रणाम करके यात्री को अपने साथ लेकर लौट गए।

संध्या को चाणक्य किसी राजकीय विषय पर चिंतन करते हुए कुछ लिखने में व्यस्त थे। सामने ही दीपक जल रहा था। चीनी यात्री ने चाणक्य को प्रणाम किया और एक ओर बिछे आसन पर बैठ गया। चाणक्य ने अपनी लेखन सामग्री एक ओर रख दी और दीपक बुझाकर दूसरा दीपक जला दिया। इसके बाद चीनी यात्री को संबोधित करते हुए बोले, "महाशय, हमारे देश में आप काफी घूमे-फिरे हैं। कैसा लगा आपको यह देश?"

चीनी यात्री नम्रता से बोला, "आचार्य, मैं इस देश के वातावरण और निवासियों से बहुत प्रभावित हुआ हूँ। लेकिन यहाँ पर मैंने ऐसी अनेक विचित्रताएँ भी देखी हैं जो मेरी समझ से परे हैं।"

"कौन सी विचित्रताएँ मित्र?" चाणक्य ने स्नेह से पूछा।

"उदाहरण के लिए सादगी की ही बात ली जा सकती है। इतने बड़े राज्य के महामंत्री का जीवन इतना सादगी भरा होगा, इसकी तो कल्पना भी हम विदेशी नहीं कर सकते।" कहकर चीनी यात्री ने अपनी बात आगे बढ़ाई। "अभी-अभी एक और विचित्रता मैंने देखी है आचार्य, आज्ञा हो तो कहूँ?"

"अवश्य कहो मित्र, आपका संकेत कौन सी विचित्रता की ओर है?"

"अभी-अभी मैं जब आया तो आप एक दीपक की रोशनी में काम कर रहे थे। मेरे आने के बाद उस दीपक को बुझाकर दूसरा दीपक जला दिया। मुझे तो दोनों दीपक एक समान लग रहे हैं। फिर एक को बुझाकर दूसरे को जलाने का रहस्य मुझे समझ में नहीं आया?"

आचार्य चाणक्य मंद-मंद मुसकराते हुए बोले, "इसमें न तो कोई रहस्य है और न विचित्रता। इन दो दीपकों में से एक में राजकोष का तेल है और दूसरे में मेरे अपने परिश्रम से खरीदा गया तेल। जब आप यहाँ आए थे तो मैं राजकीय कार्य कर रहा था, इसलिए उस समय राजकोष के तेलवाला दीपक जल रहा था। इस समय मैं आपसे व्यक्तिगत बातें कर रहा हूँ, इसलिए राजकोष के तेलवाला दीपक जलना उचित और न्यायसंगत नहीं है। लिहाजा मैंने वह दीपक बुझाकर अपनी आमदनीवाला दीपक जला लिया।"

चाणक्य की बात सुनकर यात्री दंग रह गया और बोला, ''धन्य हो आचार्य, भारत की प्रगति और उसके विश्वगुरु बनने का रहस्य अब मुझे समझ में आ गया। जब तक यहाँ के लोगों का चरित्र इतना उन्नत और महान् बना रहेगा, इस देश की तरक्की को संसार की कोई शक्ति नहीं रोक सकेगी। इस देश की यात्रा करके और आप जैसे महात्मा से मिलकर मैं खुद को गौरवशाली महसूस कर रहा हूँ।''

□

10

राजशास्त्र के रचनाकार चाणक्य

भय को नजदीक न आने दो अगर यह नजदीक आए, इस पर हमला कर दो; यानी भय से भागो मत, इसका सामना करो।

—*आचार्य चाणक्य*

प्राचीन काल में 'अर्थशास्त्र' शब्द का प्रयोग आजकल के 'अर्थशास्त्र' के रूप में नहीं, बल्कि राजशास्त्र या राजनीतिशास्त्र के पर्यायवाची के रूप में होता था। राजशास्त्र के लिए कुछ अन्य शब्दों का भी उल्लेख मिलता है। जैसे—शासनशास्त्र, नृपशास्त्र, दंडनीति आदि। साथ ही विभिन्न नीतिशास्त्रीय ग्रंथ भी इसी श्रेणी में परिगणित किए जाते थे।

इनमें से पहले तीन शब्द तो स्पष्ट अर्थ के द्योतक हैं, किंतु दंडनीति और अर्थशास्त्र किंचित् स्पष्टीकरण की अपेक्षा रखते हैं। चूँकि इस शास्त्र में 'दंड' देने की समुचित व्यवस्था होती है, अत: इसे 'दंडनीति' कहा गया है। इस संदर्भ में कौटिल्य का कहना है, ''दंड वह साधन है, जिसके द्वारा आन्वीक्षिकी, त्रयी (तीनों वेदों) एवं वार्त्ता (व्यापार) का स्थायित्व तथा रक्षण होता है। जिसमें दंड-नियमों की व्याख्या होती है, वह दंडनीति है। जिसके

द्वारा अलब्ध की प्राप्ति होती है, लब्ध का परिरक्षण होता है, रक्षित का विवर्धन होता है और विवर्धित का सुपात्रों में बँटवारा होता है।"

चाणक्य या कौटिल्य ने अर्थशास्त्र की व्याख्या इस प्रकार की है, "अर्थ संपूर्ण मानवों का जीवन या उनकी वृत्ति है, अर्थात् मानवों से भरी पृथ्वी अर्थ है। वह शास्त्र जो पृथ्वी की प्राप्ति एवं संरक्षण का साधन है, वह अर्थशास्त्र है।"

अतः अर्थशास्त्र-रचना की परंपरा का दिग्दर्शन राजशास्त्रीय ग्रंथों के रूप में ही संभव है। इन ग्रंथों का मूल प्रतिपाद्य राजधर्म ही रहा है, जिसे भारतीय धर्म, समाज और इतिहास में सभी धर्मों का 'तत्त्व' या 'सार' कहा गया है, क्योंकि इसके अंतर्गत आचार, विचार, व्यवहार, नीति, प्रायश्चित्त आदि के सभी नियम आ जाते हैं। इसकी महत्ता इस बात से और भी प्रकट होती है कि आदिकाल से ही इस विषय पर पृथक रूप से ग्रंथों की रचना होती रही है।

अर्थशास्त्र रचना की पृष्ठभूमि

ईसा पूर्व छठी शताब्दी के भारत में कोई केंद्रीय सत्ता नहीं थी। देश नाम की कोई चीज नहीं थी। छोटे-छोटे राज्य थे, जो एक-दूसरे की भूमि, संपत्ति आदि छीनने के लिए आपस में लड़ते-झगड़ते रहते थे। फिर भी व्यापार की प्रगति, मुद्रा के प्रचलन और नगरों के उत्थान ने धार्मिक-बौद्धिक आंदोलन के रूप में जहाँ एक ओर सामाजिक एवं धार्मिक क्षेत्र में परिवर्तन किए, वहीं उन्हीं परिस्थितियों में राजनीतिक व्यवस्था में भी युगांतरकारी परिवर्तन किए।

सहज ही लौह धातु का व्यापक प्रयोग भी इस परिस्थिति में पृष्ठभूमि के रूप में ज्ञातव्य है। इसने कृषियोग्य भूमि के विस्तार, विशेषकर गंगा की उर्वर घाटी तक पहुँचने का मार्ग प्रशस्त कर और कृषि उत्पादन बढ़ाकर अधिशेष उत्पादन का युग आरंभ किया। कृषि उत्पादन में वृद्धि का एक और कारण धान की बुआई पद्धति का आरंभ भी था।

स्वाभाविक रूप से इस अधिशेष उत्पादन पर नियंत्रण के लिए सामरिक सजगता और साम्राज्य विस्तार की भावना बढ़ी और जन से जनपद तथा जनपद से महाजनपदों के विकास की प्रक्रिया आरंभ हुई। इसमें वह क्षेत्र सबसे आगे

निकल गया, जिसकी स्थिति सामरिक शक्ति अर्जित करने की दृष्टि से महत्त्वपूर्ण थी। शक्तिशाली प्रशासन के आधार इसी काल में विकसित हुए।

इसके साथ ही कानून और अदालती व्यवस्था, जो सत्ताधारी वर्ग के हाथों में बल-प्रयोग का जबरदस्त हथियार है, इसी काल में प्रकट हुई। कबीलाई संरचना टूटने के साथ-साथ वैदिक समतावादी कबीलाई कानून भी जाते रहे और ब्राह्मणवादी विचारकों ने जातीय नियम बनाने शुरू कर दिए। अनेक राजतंत्रात्मक व्यवस्थावाले जनपदों का गणराज्यीय व्यवस्था में संक्रमण और फिर गणराज्यों का बड़े साम्राज्यों द्वारा अधिग्रहण भी इसी काल की देन हैं। कई जनपद लगभग विलुप्त भी हुए।

सोलह महाजनपद

महाभारत तथा बौद्ध ग्रंथों में सोलह महाजनपदों के राज्यों का उल्लेख मिलता है, जिनमें से गोदावरी नदी के तट पर स्थित अश्मक को छोड़कर शेष पंद्रह उत्तर भारत के ही थे। ये महाजनपद इस प्रकार हैं—

काशी

वर्तमान वाराणसी को ही पुरातन काशी माना जाता है, किंतु 'अथर्ववेद' में वाराणसी का उल्लेख काशी राज्य की राजधानी के रूप में हुआ है। काशी राज्य का कोशल राज्य से संघर्ष चलता ही रहता था। कालांतर में काशी का राज्य कोशल के बड़े राज्य में विलीन हो गया। यह बात अलग है कि वाराणसी नगर भारतीय इतिहास में पवित्र नगरी तथा प्रमुख विद्या केंद्र के रूप में विकसित होता रहा।

कोशल

यह राज्य वर्तमान उत्तर प्रदेश के अवध क्षेत्र में फैला हुआ था। बौद्ध ग्रंथों के अनुसार इसकी राजधानी श्रावस्ती थी, जबकि भारतीय इतिहास कोश के अनुसार अयोध्या। काशी के साथ तो इसका संघर्ष चलता ही रहता था, मगध से भी इसके संबंध अच्छे नहीं थे। अजातशत्रु के शासनकाल (494-467 ईसा पूर्व)में मगध ने कोशल को हड़प लिया था।

अंग

वर्तमान पूर्वी बिहार प्राचीन अंग राज्य था, इसकी राजधानी चंपा थी। राजा बिंबसार के समय में इसे भी मगध में मिला लिया गया था।

मगध

यह राज्य वर्तमान पटना और गया जिलों में फैला हुआ था। गिरिव्रज या राजगृह इसकी राजधानी थी। बाद में इसकी राजधानी पाटलिपुत्र बनी। इसने धीरे-धीरे पड़ोसी राज्यों को आत्मसात् कर लिया।

वज्जि

इस राज्य में 8 कबीले सम्मिलित थे, जिनमें लिच्छवि और विदेह प्रमुख थे। इस राज्य के विनष्ट होने पर लिच्छवि आदि आठ स्वतंत्र गणराज्यों का उदय हो गया।

मल्ल

यह एक प्रजातंत्रीय राज्य था, जिसके दो भाग थे। अत: इसकी दो राजधानियाँ थीं—कुशीनगर और पावा। वर्तमान गोरखपुर के निकट स्थित कसिया ही कुशीनगर था और उससे बारह मील उत्तर में स्थित पद्रौण ही पावा था।

चेदि

यह राज्य वर्तमान बुंदेलखंड में था। 'भारतीय इतिहास कोश' के अनुसार गंगा और नर्मदा नदियों के बीच का क्षेत्र 'चेदि' कहलाता था। बौद्ध काल के बाद इस पर कल्चुरियों ने शासन किया था।

वत्स

यह एक राजतंत्र था, जिसकी राजधानी कौशांबी थी, जो इलाहाबाद से कुछ किलोमीटर दूर स्थित आज का कोसाम है। ईसा पूर्व छठी शताब्दी में यहाँ उदयन का राज था। पड़ोसियों के साथ उसके संबंध निरंतर संघर्षमय रहते थे। इसके मगध के राजा अजातशत्रु और अवंति के राजा प्रद्योत के साथ अकसर युद्ध होते रहते थे।

कुरु

इस राज्य का विस्तार वर्तमान दिल्ली और मेरठ जिले में था। छठी सदी में इसका वह महत्त्व नहीं रह गया था, जो वैदिक काल में था।

पांचाल

यह राज्य आधुनिक रुहेलखंड डिवीजन में था। कुरु राज्य की तरह ही यह राज्य भी अपनी पुरानी प्रतिष्ठा खो चुका था।

मत्स्य

यह राज्य आधुनिक राजपूताना के पूर्वी भाग में स्थित था। इसकी राजधानी विराट् नगर (वर्तमान जयपुर) थी। कालांतर में यह राज्य मगध राज्य में मिल गया।

शूरसेन

यह राज्य मत्स्य राज्य के दक्षिण में था और इसकी राजधानी मथुरा थी।

अश्मक

इस राज्य को 'अशक' भी कहा जाता है। संभवत: इस पर इक्ष्वाकु परिवार का आधिपत्य था। यह अवंती के पड़ोस में और गोदावरी नदी के तट पर स्थित था। इसे आजकल ट्रावनकोर कहते हैं।

अवंती

वर्तमान मालवा क्षेत्र पुरातन अवंती राज्य था, जिसकी राजधानी उज्जयिनी थी। इस राज्य ने आस-पास के छोटे-छोटे राज्यों को अपने राज्य में मिला लिया था। तब इसकी गणना भारत के चार बड़े राज्यों में की जाने लगी। चंद्रगुप्त मौर्य ने अवंती को जीतकर मगध में मिला लिया था।

गांधार

यह राज्य वर्तमान कश्मीर, पेशावर, रावलपिंडी और तक्षशिला में फैला हुआ था। तक्षशिला ही इसकी राजधानी थी।

कंबोज

यह राज्य सुदूर उत्तर-पश्चिम सीमांत में स्थित था और द्वारिका इसकी राजधानी थी, जो वर्तमान में राजौरी है। इस राज्य में कश्मीर का उत्तरी भाग, पामीर और बदखशाँ के प्रदेश शामिल थे।

उक्त महाजनपदों में वैदिककालीन जनपद कुरु, पांचाल और मत्स्य थे, किंतु 600 ईसा पूर्व तक वे उतने महत्त्वपूर्ण नहीं रह गए थे। गांधार व कंबोज उत्तरापथ में थे और यवनों के आक्रमण भी राजनीतिक गतिविधियों में उतने सक्रिय नहीं दिखाई पड़े। मगध, कोशल, वत्स, काशी और अवंती शक्तिशाली जनपद थे। इनमें राजनीतिक प्रभुत्व के लिए लंबे संघर्ष हुए। मल्ल, वज्जि और अंग भी उन शक्तियों की राजनीतिक महत्त्वाकांक्षा के कारण सक्रिय रहे।

इस प्रकार ईसा पूर्व छठी शताब्दी में जब मगध एकता और उन्नति के पथ पर अग्रसर था। उत्तर-पश्चिमी भारत अनेक छोटे-छोटे राज्यों में विभक्त था, जो परस्पर युद्धरत राज्यों से भरा हुआ था। उनमें राजनीतिक एकता का अभाव था। इस प्रकार भारत की यह सीमा पूरी तरह असुरक्षित थी।

महाजनपदकालीन गणराज्य

इस काल में जहाँ अनेक शक्तिशाली राजतंत्र अस्तित्व में आए, वहीं अनेक गणराज्य भी उदित हुए। वस्तुतः दोनों ही प्रकार की राजनीतिक संस्थाओं की प्रवृत्तियाँ मूलतः वैदिक व्यवस्था में ही देखी जा सकती हैं। यद्यपि वैदिककाल के गणराज्य कुरु, शूरसेन और मत्स्य स्वयं चौथी सदी ईसा पूर्व तक महत्त्वहीन होकर विलुप्त हो गए।

गणराज्य प्रायः हिमालय की तराई में विकसित हुए। संभवतः गंगाघाटी में जब 'जन' से 'जनपद' की प्रक्रिया चल रही थी, तब कबाइली जीवन से प्रभावित लोग हिमालय के अपेक्षात अगम्य प्रदेशों में जाकर बस गए।

शाक्य गणराज्य, पिप्पलिवन का मौर्य, सिंसुमारगिरि का भर्ग या भाग, रामग्राम का कोलिय आदि ऐसे ही गणराज्य थे। उल्लेखनीय है कि ये सभी पहले वंशानुगत राजतंत्र से संबद्ध थे जो कालांतर में राजा की स्वेच्छाचारिता के कारण गणराज्य-पद्धति में आ गए। विदेह इसका स्पष्ट प्रमाण है, जो

वज्जि जनपद का एक महत्त्वपूर्ण गणराज्य था। लिच्छवि, मल्ल आदि भी गणराज्यीय व्यवस्था में ही थे।

पांचाल, कंबोज और मल्ल मूलत: राजतंत्रात्मक थे, पर कौटिल्य के समय तक वे गणराज्य में परिणत हो गए थे। इन सभी गणराज्यों की संरचना एक समान नहीं थी।

कुछ गणराज्यों में अनेक जातियों के लोग थे। कुछ गणराज्य पूरी तरह एक संप्रभु इकाई थे तो कुछ पड़ोसी राजतंत्रों की अधीनता स्वीकार करते थे। ये गणराज्य वंशानुगत अधिकारी-तंत्र को नकारते अवश्य थे, पर उनका वंश वास्तव में एक कुलीनतंत्र था, जिसमें अधिकारी प्राय: क्षत्रिय ही होते थे।

हाँ, कुछ बातों में ये गणराज्य समानता अवश्य रखते थे। प्रत्येक गणराज्य में एक 'परिषद्' होती थी, जिसमें वृद्ध, युवक सभी भाग लेते थे। उल्लेख्य है कि अब वैदिकयुगीन 'सभा' और 'समिति' महत्त्वहीन हो गए थे। गणराज्य की परिषद् की गणसभा एक संस्थागार में होती थी, जिसकी अध्यक्षता राजा अथवा सेनापति करता था। कई मामलों में केंद्रीय परिषद् के अतिरिक्त स्थानीय परिषद् के गठन के भी संकेत हैं। गणराज्यीय शासन-व्यवस्था की सबसे उल्लेखनीय विशेषता सामूहिक उत्तरदायित्व थी।

मगध का प्रभुत्व

उपलब्ध साक्ष्यों के अनुसार मगध पर शासन करनेवाला प्रथम शासक हर्यकवंशीय भारतीय इतिहास कोश में 'बिंबसार' नाम मिलता है, बिंबिसार नहीं, जो संभवत: 545 ई.पू. में गद्दी पर बैठा था। उसके समय में कोशल पर प्रसेनजित शासन कर रहा था। बिंबिसार ने उसकी बहन से विवाह किया था और उसे दहेज में काशी ग्राम भी मिला था। उसने लिच्छवि गणराज्य और मद्र राज्य से भी वैवाहिक संबंध स्थापित किए थे और अवंती से भी उसके सौहार्दपूर्ण संबंध थे। बिंबिसार संभवत: नियमित और स्थायी सेना रखनेवाला भारतीय इतिहास का पहला शासक था। परंतु उसने अपने शासनकाल में मात्र अंग प्रदेश पर ही आक्रमण किया था, जो कालांतर में मगध में मिला लिया गया था।

कोशल और मगध में संघर्ष अजातशत्रु के समय आरंभ हुआ, जिसने अपने पिता की हत्या कर दी थी। अजातशत्रु ने काशी को तो पुनः प्रसेनजित से छीन ही लिया, प्रसेनजित के दुर्भाग्यपूर्ण पतन और उसके पुत्र बिंदुदाभ की मृत्यु के बाद अराजक स्थिति में कोशल पर भी अपना अधिकार कर लिया। गंगा नदी पर व्यापारिक गतिविधियों पर नियंत्रण के लिए अजातशत्रु ने वज्जि गणराज्य की आपसी फूट का लाभ उठाकर उसे अपने नियंत्रण में कर लिया।

उसके बाद अवंती जनपद को भी मगध की सहायता से जीत लिया गया। इस प्रकार अजातशत्रु की मृत्यु ने मगध को एक विशाल साम्राज्य के रूप में संगठित किया। अजातशत्रु की मृत्यु 461 ईसा पूर्व में हुई। उसके बाद पाँच शासक हुए—उदयन, अनिरुद्ध, मुंड, दर्शक और नागदासक। ये सभी पितृहंता थे।

नंदवंश की स्थापना और मौर्यों का उत्थान

उक्त अराजक स्थिति में 413 ईसा पूर्व में अंतिम राजा को पदच्युत कर काशी के उपराजा शिशुनाग को गद्दी पर बैठाया गया। उसके वंश ने लगभग आधी सदी तक शासन किया। इसी वंश के कालाशोक के समय दूसरी बौद्धसंगीति वैशाली में 383 ईसा पूर्व में हुई थी और संभवतः यही इस वंश का अंतिम शासक था।

इसके बाद महापद्मनंद ने मगध पर अधिकार कर गैरक्षत्रिय राजवंश 'नंदवंश' की स्थापना की। नंदवंश को सबसे बड़े मगध साम्राज्य पर शासन करने का अवसर मिला। नंदों की सेना बहुत विशाल थी, जिसमें दो लाख पैदल, बीस हजार घुड़सवार, तीन हजार हाथी और दो हजार रथ थे। नंदों ने उड़ीसा और दक्कन के भी कुछ भागों को अपने अधिकार में किया था। धननंद इस वंश का अंतिम शासक था, जिसे 321 ईसा पूर्व में चंद्रगुप्त मौर्य ने पदच्युत कर मौर्य वंश की नींव डाली।

327 ईसा पूर्व में सिकंदर के भारत प्रवेश ने भारत में राजनीतिक एकीकरण को गति प्रदान की। इस आक्रमण से स्थल मार्ग से विदेशी व्यापार की बहुत प्रगति हुई, अनेक प्राचीन कबीले समाप्त हो गए और राजनीतिक एकीकरण

की प्रक्रिया चल पड़ी। कुछ वर्षों के बाद चंद्रगुप्त मौर्य ने सिकंदर के आक्रमण से उपजे राजनीतिक शून्य का लाभ उठाकर पश्चिमोत्तर भारत को मगध से मिलाकर अत्यंत विशाल साम्राज्य खड़ा कर लिया।

मगध महाजनपद की सफलता के कारण

अन्य महाजनपदों की तुलना में मगध की सफलता के अनेक कारण थे। गंगा के मैदानी भाग की उपजाऊ मिट्टी ने साम्राज्य को कृषि का सुदृढ़ आधार प्रदान किया। गंगा महत्त्वपूर्ण व्यापारिक मार्ग भी थी और बौद्ध साहित्य के अनुसार भूमिकर के अतिरिक्त उद्योग एवं व्यापार पर भी मगध के शासकों द्वारा कर लगा दिए गए थे। 'तुंदिया', 'अकासिया' आदि आधा दर्जन राजस्व अधिकारियों के नाम मिलते हैं।

फिर, सामरिक और आर्थिक दृष्टि से भी गया के दक्षिण-पूर्व की पहाड़ियों से प्राप्त ताँबे एवं लोहे के भंडार ने मगध को बहुत ही शक्तिशाली बना दिया था। गया के पीछे घने जंगलों से इमारती लकड़ियाँ और हाथी भी मगध को बड़े पैमाने पर प्राप्त होते थे।

मगध की राजधानी 'गिरिव्रज' (राजगृह) तो प्रातिक सुरक्षा के घेरे में थी ही, अजातशत्रु द्वारा स्थानांतरित पाटलिपुत्र भी भली-भाँति सुरक्षित था और गंगा-सोन के संगम पर होने के कारण आवागमन की दृष्टि से भी अच्छी स्थिति में था।

मगध के भौतिक उत्कर्ष का एक और महत्त्वपूर्ण कारण यह था कि इस क्षेत्र में कर्मकांड का उतना प्रचलन नहीं था और न ही ब्राह्मण धर्म की वर्जनाएँ थीं, इससे मगध क्षेत्र में आजीविका के चयन और चिंतन में पर्याप्त स्वतंत्रता प्राप्त थी, जो प्रगति के लिए अनुकूल थी।

मौर्यवंश की स्थापना

भारतीय इतिहास में मौर्यवंश के शासन का आरंभ एक अत्यंत महत्त्वपूर्ण घटना है। इसका संस्थापक चंद्रगुप्त मौर्य किसी कुलीन घराने से संबद्ध नहीं था, पर अपनी शक्ति और चाणक्य के सहयोग से वह पहली बार भारतवर्ष

की सीमा को उन क्षेत्रों तक पहुँचाने में सफल रहा, जहाँ तक मध्यकालीन शासक और अंग्रेज भी नहीं पहुँच सके।

विलियम जोंस, जस्टिन आदि विद्वानों द्वारा प्रयुक्त सेंड्रोकोट्टस की पहचान चंद्रगुप्त मौर्य के रूप में करना भारतीय इतिहास के तिथिक्रम के लिए एक आधार बिंदु बन गया। प्लूटार्क तथा एपियन ने इसे 'एंडोकोटस' कहा है। 18वीं शताब्दी के रत्नगर्भ ने विष्णु पुराण के आधार पर चंद्रगुप्त मौर्य को नंदराज की पत्नी मुरा की संतान बताया है। ब्राह्मण ग्रंथ चंद्रगुप्त मौर्य को निम्न या शूद्र कुल का घोषित करते हैं। विशाखदत्त के ग्रंथ 'मुद्राराक्षस' में चंद्रगुप्त को वृषल या कुलहीन कहा गया है।

महापरिनिर्वाण सूत्र में मौर्यों को पिप्पलीवन का शासक क्षत्रिय वंश का बताया गया है। बौद्ध ग्रंथ चंद्रगुप्त मौर्य को क्षत्रिय कुल का मानते हैं। पाटलिपुत्र में धननंद से मगध का सिंहासन छीनने से पहले चंद्रगुप्त पंजाब और सिंध के उन प्रदेशों को जीत चुका था, जहाँ सिकंदर द्वारा नियुक्त क्षत्रप शासन कर रहे थे या राजनीतिक शून्यता जैसी स्थिति थी। वह संभवत: 321 ईसा पूर्व में 25 वर्ष की उम्र में गद्दी पर बैठा।

चंद्रगुप्त मौर्य द्वारा साम्राज्य-विस्तार

चंद्रगुप्त ने अपनी शक्ति का चरमोत्कर्ष 305–04 ईसा पूर्व में दिखाया, जब उसने सिकंदर के उत्तराधिकारी सेल्यूकस को संधि के लिए बाध्य कर दिया। दोनों के बीच वैवाहिक संबंध भी स्थापित हुए, पर उस संबंध का स्वरूप स्पष्ट नहीं है।

हाँ, सेल्यूकस ने मेगस्थनीज को अपने राजदूत के रूप में चंद्रगुप्त मौर्य के दरबार में भेजा, जो संभवत: 304 ईसा पूर्व से 299 ईसा पूर्व तक पाटलिपुत्र में रहा। सेल्यूकस ने चंद्रगुप्त को 'एरिया', 'अराकोसिया', 'जेड्रोसिया' और 'पेरिपेमिसदाई' अर्थात् काबुल, कंदहार, मकरान और हेरात प्रदेश दे दिए।

जहाँ तक अन्य क्षेत्रों में चंद्रगुप्त के साम्राज्य-विस्तार की बात है तो सौराष्ट्र में उसके गवर्नर पुष्यगुप्त ने सुदर्शन झील पर बाँध बनवाया, इससे

पश्चिम में सौराष्ट्र तक उसका शासन माना जा सकता है। इन्हीं राजनीतिक एवं सामाजिक परिस्थितियों के परिणामस्वरूप कौटिल्य ने 'अर्थशास्त्र' की रचना की थी, जो आज विश्व की महान् कृतियों में गिना जाता है। राजनीति पर आधारित इस ग्रंथ में लगभग 5000 श्लोक हैं। इसमें 15 भाग तथा उपभाग हैं।

□

11

राष्ट्र संगठक चाणक्य

जो लोग परमात्मा तक पहुँचना चाहते हैं उन्हें वाणी, मन, इंद्रियों की पवित्रता और एक दयालु हृदय की आवश्यकता होती है।

—आचार्य चाणक्य

अर्थशास्त्र का रचनाकार कौटिल्य या चाणक्य कौन था? यह प्रश्न प्राय: उठता रहा है, क्योंकि एक ओर उसे कुटिल कूटनीतिज्ञ माना जाता है, तो दूसरी ओर बिखरे भारत को एकता के सूत्र में बाँधनेवाला। इस प्रश्न की पृष्ठभूमि में प्राय: वे किंवदंतियाँ रही हैं, जो प्राचीन कालीन विशिष्ट व्यक्तित्वों के बारे में गढ़ ली जाती रही हैं। कौटिल्य भी इसका अपवाद नहीं है।

चाणक्य त्रिवेदज्ञ, शास्त्र पारंगत, मंत्र विद्या विशेषज्ञ, नीति-निपुण राजनीतिज्ञ तथा प्रगाढ़ कूटनीतिज्ञ होने के साथ ही विविध विद्याओं के महापंडित तथा दार्शनिक भी थे। अपनी प्रखर कूटनीति द्वारा आचार्य चाणक्य ने बिखरे हुए भारतीयों को राष्ट्रीयता के मंगलमय सूत्र में पिरोकर महान् राष्ट्र की स्थापना की। किंतु विशाल मौर्य साम्राज्य के संस्थापक होते हुए भी वे अत्यंत निर्लोभी तथा वीतरागी थे। पाटलिपुत्र के महलों में न रहकर वे

गंगातट पर बनी एक साधारण सी कुटिया में रहते थे और गोबर के उपलों पर अपना भोजन स्वयं तैयार करते थे।

चाणक्य द्वारा स्थापित मौर्य साम्राज्य कालांतर में एक महान् साम्राज्य बना। चंद्रगुप्त ने उनके मार्गदर्शन में लगभग 24 वर्ष राज्य किया और पश्चिम में गांधार से लेकर पूर्व में बंगाल और उत्तर में कश्मीर से लेकर दक्षिण में मैसूर तक एक विशाल साम्राज्य की स्थापना की।

बहुनामावली

कौटिल्य के अनेक नाम मिलते हैं, यथा—वात्स्यायन, मल्लनाग, द्रमिल, पक्षिलस्वामी, चाणक्य, विष्णुगुप्त, अंगल, वराणक और कात्यायन आदि। नीतिसार में इनके आठ नामों का उल्लेख मिलता है।

वात्स्यायन, मल्लनाग, कौटिल्य, चाणक्य, द्रमिल, पक्षिलस्वामी, वराणक और गुल। चाणक्य के जीवन से संबंधित सामग्री का प्रायः अभाव है। जो कुछ बातें उनके जीवन के संबंध में प्रचलित हैं, वे केवल दंतकथाएँ अथवा अनुश्रुतियाँ हैं, ऐतिहासिक और प्रामाणिक नहीं हैं। एक बात जो सारे भारतीय साहित्य में एक स्वर से मिलती है, वह यह है कि कौटिल्य चंद्रगुप्त के समकालीन और उनके मंत्री थे।

चाणक्य जब तक्षशिला में आचार्य थे, उन्हीं दिनों यानी ईसवी सन् से 327 वर्ष पूर्व ग्रीक विजेता, महान् सिकंदर, एशिया माइनर, मिस्र, फारस, अफगानिस्तान और अस्कनियों की राजधानी मस्साग को जीतता हुआ, एक लाख बीस हजार सेना लिये हुए हिंदुकुश के मार्ग से भारतवर्ष में आ घुसा। विश्व-विजय पर निकले यूनानी राजकुमार सिकंदर गांधार देश के राजा आंभीक के आह्वान पर भारत आया था। आंभीक सिकंदर के माध्यम से अपने पुराने दुश्मन राजा पुरु को सबक सिखाना चाहता था, जबकि सिकंदर भारत पर विजय प्राप्त करके यहाँ से धन-संपदा लूटकर अपने देश ले जाना चाहता था और निरीह जनता को अपना गुलाम बनाना चाहता था। शायद राजा आंभीक ने इस पर गौर नहीं किया था।

चाणक्य को आंभीक की यह योजना किसी तरह पता चल गई थी।

वह इस संदर्भ में आंभीक को समझाने के लिए गए। आंभीक से चाणक्य ने इस संदर्भ में विस्तारपूर्वक बातचीत की। उसे समझाना चाहा। विदेशी हमलावरों से देश की रक्षा के लिए उसे प्रेरित करना चाहा, किंतु आंभीक ने चाणक्य की एक बात भी नहीं मानी। वह सिकंदर का साथ देने के लिए कटिबद्ध रहा।

चाणक्य द्वारा विरोध

कुछ ही दिनों बाद जब सिकंदर गांधार प्रदेश में प्रविष्ट हुआ तो आंभीक ने उसका जोरदार स्वागत किया। आंभीक ने उसके सम्मान में एक विशाल जनसभा का भी आयोजन किया, जिसमें गांधार देश के प्रतिष्ठित व्यक्तियों के साथ-साथ तक्षशिला के आचार्य और छात्र भी आमंत्रित किए गए थे।

इस सभा में चाणक्य और उनके शिष्य चंद्रगुप्त आदि भी उपस्थित हुए। सभा के दौरान सिकंदर के सम्मान में उसकी प्रशंसा के पुल बाँधे गए। उसे महान् बताते हुए देवताओं से उसकी तुलना की गई। सिकंदर ने अपने व्याख्यान में अप्रत्यक्षत: भारतीयों को धमकी सी दी कि उनकी भलाई इसी में है कि वे सिकंदर की सत्ता स्वीकार कर लें। चाणक्य ने सिकंदर की इस धमकी का विरोध किया।

अस्तित्व पर उठे सवाल

ईसा पूर्व 321 में सारे संसार पर यूनानी जाति की धाक थी। यह विजेता जाति अपने आपको सबसे अधिक सभ्य और बलवान मानती थी, परंतु इस पर भी विजय प्राप्त कर लेने से भारत का मस्तक हिमालय की तरह आज तक बड़े गर्व के साथ ऊँचा उठा हुआ है, जिसका सारा श्रेय 'अर्थशास्त्र' को दिया जाता है।

पाश्चात्य देशों को भी अपनी प्रचलित शासन-प्रणाली पर बड़ा गर्व रहा है। वे समझते रहे हैं कि राजा, मंत्री, दूत, भूमि कर, (माल) चुंगी कर, पुलिस, गुप्तचर विभाग (खुफिया पुलिस), व्यापार, जहाज, जंगलात, खान,

शराब, वेश्या, कंपनी, चोर-डकैतों को पकड़ने के उपाय, दायभाग, जुआ, जाली सिक्के, सेना, व्यूह निर्माण, शत्रु के घात प्रयोगों से रक्षा के उपाय आदि के नियम जैसे इन्हें ज्ञात हैं, वैसे आज तक किसी को नहीं मालूम हुए, परंतु ज्यों ही उन्होंने इस 'अर्थशास्त्र' को देखा, वे दाँतों तले उँगली दबाकर देखते रह गए।

यह एक विडंबना ही है कि इस महान् ग्रंथ की रचना और रचयिता दोनों ही लंबे समय से विवादों से घिरे रहे हैं। फिर भी इस बात से इनकार नहीं किया जा सकता है कि 'अर्थशास्त्र' एक प्राचीन राजनीतिक ग्रंथ है और इसके रचयिता कौटिल्य माने जाते हैं।

रचनाकाल

भारतीय शिलालेखों आदि उपलब्ध ऐतिहासिक साक्ष्यों के अनुसार चंद्रगुप्त 321 ईसा पूर्व में सिंहासनारूढ़ हुआ और अशोकवर्धन 296 ईसा पूर्व में सिंहासनारूढ़ हुआ। इससे यही निष्कर्ष निकलता है कि कौटिल्य ने 321 ईसा पूर्व और 300 ईसा पूर्व के बीच किसी समय 'अर्थशास्त्र' की रचना की।

टी. गणपति शास्त्री, एन.एन. लॉ, स्मिथ, फ्लीट, जायसवाल आदि विद्वानों ने लगभग इन्हीं विचारों का समर्थन किया है। परंतु विंटरनित्स, जॉली, कीथ और भंडारकर का विचार है कि इस पुस्तक की रचना ईसा की प्रारंभिक शताब्दियों में हुई थी, न कि चंद्रगुप्त के राज्य में। उनके अनुसार ईसा पूर्व इस ग्रंथ की रचना यदि कौटिल्य के हाथों हुई होती तो वह चंद्रगुप्त का मंत्री होने के नाते उसके राज्य-विस्तार और उसकी राज्य-पद्धति का वर्णन अवश्य करता। यदि और कुछ नहीं तो कम-से-कम उसमें मौर्यवंश या चंद्रगुप्त के नाम का तो उल्लेख होता।

कौटिल्य का 'अर्थशास्त्र' राज्य-पद्धति के विषय को लेकर लिखी गई एक मानक पुस्तक है। इसे आधार मानकर कोई भी स्वतंत्र राष्ट्र अपना कार्य चला सकता है।

मेगस्थनीज ने भी अपनी पुस्तक में उस राजनीतिक ढाँचे का वर्णन किया है, जिसे उसने लगभग 300 ईसा पूर्व स्वयं देखा था। इतने लंबे-चौड़े यूनानी साम्राज्य के बारे में मेगस्थनीज का अपना विचार भी रहा होगा, क्योंकि देखा गया है कि उसने अपने से पूर्व सिकंदर के साथ भारत आनेवाले यूनानी लोगों के भारत संबंधी विवरणों की जहाँ-तहाँ आलोचना भी की है।

समग्रत: कौटिल्य के 'अर्थशास्त्र' का संबंध मौर्यकाल से अवश्य रहा है और कौटिल्य के विचारों को निश्चय ही इस पुस्तक में स्थान दिया गया है। इसके साथ ही यह भी ध्यान रहे कि बाद के युगों में, समय-समय पर, इसमें कुछ प्रक्षेप भी होते रहे हैं, जैसे अन्य अनेक ग्रंथों में हुए हैं। उन्हीं के कारण ईसा पूर्व चौथी शताब्दी की रचना में परवर्ती ऐतिहासिक तथ्य भी देखने को मिलते हैं।

'अर्थशास्त्र' में 15 अधिकरण, 180 प्रकरण, 150 अध्याय और 380 कारिकाएँ (श्लोक) हैं। यदि सारे ग्रंथ के वर्णों को इकट्ठे करके 32 अक्षरों के अनुष्टुप श्लोक बना दिए जाएँ तो 6000 श्लोक बनेंगे।

राज्य के सात अंग

प्राय: सभी राजनीतिशास्त्रों ने राज्य के सात अंग बताए हैं—स्वामी (शासक या सम्राट्), अमात्य, जनपद या राष्ट्र, दुर्ग, कोष, दंड और मित्र। कौटिल्य भी इसके अपवाद नहीं हैं। उन्होंने अंगों की जगह प्रति शब्द का प्रयोग किया है

वेतनभोगी राजा

कुछ ग्रंथों में राजा को प्रजा का नौकर कहा गया है, जिसे रक्षा करने के कारण वेतन रूप में कर दिया जाता है। कौटिल्य ने भी राजा के वेतन का संकेत दिया है।

अच्छे राजा के गुण

राजनीति विषयक प्राय: सभी प्राचीन ग्रंथों में अच्छे राजा के गुणों पर चर्चा हुई है। 'अर्थशास्त्र' में भी यह विषय विस्तार से उठाया गया है। इसमें

राजा के गुणों की सूची कई दृष्टिकोणों से दी गई है। सबसे पहले ऐसे गुणों का निरूपण किया गया है, जिनके द्वारा राजा लोगों के दिलों को जीत सके। यथा—कुलीनता, धर्मपरायणता, प्रफुल्लता, अग्रजों से विचार-विमर्श की प्रवृत्ति, सदाचारिता, सत्यवादिता, वचनबद्धता, कृतज्ञता, उत्साह, अप्रमाद, विशालचित्तता, दृढ़-संकल्पता, स्वानुशासनप्रियता, सामंतों को वश में रखने की क्षमता आदि। इन गुणों को अभिगमिक गुण कहा गया है।

राजा की शिक्षा-दीक्षा

अर्थशास्त्र के अनुसार राजा को सुशिक्षित होना चाहिए। चौल कर्म के बाद राजकुमार को लेखन एवं अंकगणित का ज्ञान कराना चाहिए। उपनयन के उपरांत उसे शिष्ट लोगों (वेदज्ञों) से वेद, आन्वीक्षिकी का ज्ञान कराना चाहिए, विभिन्न विभागों के अधीक्षकों से वार्त्ता, व्यावहारिक राजनीतिज्ञों एवं व्याख्याताओं से दंडनीति का अध्ययन कराना चाहिए।

सोलह वर्षों तक चार विद्याओं का अध्ययन करके राजकुमार को विवाह कराना चाहिए। उसे सदैव शिष्ट लोगों के बीच में रहकर अपने ज्ञान को बाँटते रहना चाहिए।

राजा को दिन के प्रथम भाग में हाथी, घोड़े, रथ की सवारी तथा अस्त्र-शस्त्र का अभ्यास करना चाहिए। दिन के अगले भाग में इतिहास, पुराण आदि का पाठ सुनना चाहिए।

राज्य के कर्तव्य एवं दायित्व

राजा का मुख्य कर्तव्य है प्रजा-रक्षण। 'अर्थशास्त्र' का कहना है कि प्रजा के सुख में राजा का सुख है, प्रजा के हित में राजा का हित है।

कौटिल्य ने राजा की तुलना यज्ञ करनेवाले से की है। राजा का सदैव क्रियाशील रहना ही व्रत है। उसका शासन कार्य के लिए अनुशासन पर चलना ही यज्ञ है। उसकी निष्पक्षता ही यज्ञ-दक्षिणा है। उसका राज्याभिषेक ही यज्ञ करनेवाले का स्नान है।

वस्तुतः 'अर्थशास्त्र' में राजा के कर्तव्यों और उत्तरदायित्वों का कदम-

कदम पर वर्णन किया गया है। कुछ कार्यों की सफलता के लिए विभिन्न उपाय भी बताए गए हैं।

राष्ट्र या राज्य

जिस प्रकार एक राज्य के लिए राजा और अमात्य आवश्यक हैं, उसी प्रकार किसी परिमाण में भूमि और बड़ी जनसंख्या भी आवश्यक है। जब तक भूमि और उस पर रहनेवाले लोग नहीं होंगे तब तक कथित राजा किस पर शासन करेगा और किसे अपना राज्य कहेगा?

प्राचीन काल में प्रत्येक राज्य में कई देश थे और देशों में कई इकाइयाँ थीं। कौटिल्य का कथन है कि राज्य में ग्रामों के दल बनाए जाने चाहिए। प्रत्येक दल में एक मुख्य नगर या दुर्ग होना चाहिए। दस ग्रामों के दल को 'संग्रहण', 200 ग्रामों के दल को 'खार्वटिक', 400 ग्रामों के दल को 'द्रोणमुख' कहा जाना चाहिए। 800 ग्रामों के मध्य एक 'स्थानीय' होना चाहिए।

सैन्यबल

राज्य का छठा महत्त्वपूर्ण अंग है—सैन्यबल। आस-पास के राजाओं पर दबदबा बनाए रखने के लिए अधिक सैन्य बल अपेक्षित है। सेना ही शत्रुओं से राज्य के धन और जन की ही नहीं, सीमाओं की रक्षा भी करती थी। प्राचीन काल में प्रायः छह प्रकार की सेनाएँ होती थीं—

मौल (वंश परंपरागत), भृत्य (वेतनभोगी सैनिकों का दल), श्रेणी (व्यापारियों या अन्य जन समुदाय की सैन्य), मित्र (मित्रों या सामंतों की सेना), अभिन्न (ऐसी सेना, जो कभी शत्रुपक्ष की थी) और आटविक (जंगली जातियों की सेना)।

'अर्थशास्त्र' में मौल सेना की महत्ता का प्रचुर गुणगान किया गया है, क्योंकि यह राजा द्वारा प्रतिपालित होती है और इसके सैनिक सदा व्यायाम एवं अभ्यास करते रहते हैं।

सेना के चार भाग होते थे—हस्ती, अश्व, रथ और पदाति। ऐसी सेना

को 'चतुरंगिणी' कहते थे। कौटिल्य के अर्थशास्त्र में राजा की सेना के प्रबंध आदि का विशद् वर्णन मिलता है। यथासेना का प्रबंध कैसा हो, आक्रमण के लिए प्रस्थान कब और कहाँ होना चाहिए, बाह्य एवं आंतरिक आपत्तियाँ और विपत्तियाँ तथा उन्हें दूर करने के उपाय, देशद्रोहियों और शत्रुओं के साथ कैसा व्यवहार करना चाहिए, सेनाओं की स्कंधावार कैसा हो, व्यूह-रचनात्मक युद्ध कैसे किया जाए, कौन से युद्धस्थल अच्छे हैं, सेना का निवास स्थान कैसा हो आदि।

राज्य की शासन-व्यवस्था

प्राचीन शासन-व्यवस्था में मंत्रिपरिषद् का महत्त्वपूर्ण स्थान था, क्योंकि राष्ट्र-संगठन की दृष्टि से यह आवश्यक था। यूँ देखा जाए तो मंत्रिपरिषद् की उत्पत्ति वैदिकयुगीन राष्ट्रीय सभा से हुई थी। बाद में हिंदू राज्यों के अभ्युदय और उन्नयन की दृष्टि से उपयोगिता निरंतर बढ़ती गई।

यही कारण है कि धर्म, अर्थ, शासन, न्याय आदि विषयों पर लिखे गए ग्रंथों पर इस विषय में गंभीरता से विचार किया गया और एक चिरस्थायी एवं सर्वांगीण साम्राज्य की सुरक्षा-व्यवस्था के लिए उसकी आवश्यकता पर बल दिया गया। 'अर्थशास्त्र' में मंत्रियों की उस राष्ट्रीय सभा को 'मंत्रिपरिषद्' कहा गया है, जबकि अशोक के शिलालेखों तथा जातकों में यह क्रमश: 'परिसा' और 'महावस्तु' कहलाई। धर्मसूत्रों, धर्मशास्त्रों और अर्थशास्त्रों में स्पष्ट कहा गया है कि मंत्रिपरिषद् की स्वीकृति तथा उसके सहयोग के बिना राजा को कोई कार्य नहीं करना चाहिए।

कौटिल्य एक राज्य-शासनप्रणाली के समर्थक थे, जिसमें राजा ही कर्ता-धर्ता होता है फिर भी मंत्रिपरिषद् की अनिवार्यता को उन्होंने स्वीकार किया है। कौटिल्य के अनुसार राजा को अपने प्रत्येक महत्त्वपूर्ण कार्य मंत्रिपरिषद् के परामर्श के बिना नहीं करने चाहिए। राजा और मंत्री साम्राज्यरूपी गाड़ी के दो पहिए हैं, जिनके बिना राज्य आगे नहीं बढ़ सकता।

मंत्रिपरिषद् में कितने मंत्री होने चाहिए। इस संबंध में कौटिल्य ने

बृहस्पति और शुक्राचार्य को ही उद्धृत किया है अन्य किसी को नहीं।

'अर्थशास्त्र' के अनुसार मंत्री के पाँच अंग बताए गए हैं—कार्य आरंभ करने का तरीका, योग्य पुरुष का सहयोग, द्रव्य संचय, देश तथा काल का विचार, अनर्थों से आत्मरक्षा और अभीष्ट सिद्धि का विचार। कौटिल्य ने मंत्रिपरिषद् के 4 सदस्य बताए हैं—मंत्री, पुरोहित, सेनापति और युवराज।

इनके अतिरिक्त पौर और जनपद आदि भी परिषद् के सदस्य होते थे। राज्य की शासन-व्यवस्था को सुचारु रूप से चलाने के लिए जिन अधिकारियों को नियुक्त करने का परामर्श दिया गया है, वे इस प्रकार हैं—

1. मंत्री
2. पुरोहित
3. सेनापति—सेना विभाग का मंत्री
4. युवराज
5. दौवारिक—राजप्रासाद का प्रधान अधिकारी
6. अंतर्वंशिक—राजवंश के गृहकार्यों का प्रधान अधिकारी
7. प्रशास्तृ या प्रशास्ता—कारागारों का प्रधान अधिकारी
8. समाहर्ता—माल विभाग का मंत्री
9. सन्निधाता—राजकोष का मंत्री
10. प्रदेष्टा—राजाज्ञाओं का प्रचार करनेवाला
11. नायक—सैनिकों का प्रधान अधिकारी
12. पौर—राजधानी का प्रधान शासक
13. व्यावहारिक—न्यायकर्ता, न्यायाधीश
14. कार्मांतिक—खानों और कारखानों आदि का प्रधान अधिकारी
15. सभ्य—मंत्रिपरिषद् का अध्यक्ष
16. दंडपाल—सेना के निर्वाह का कार्य करनेवाला प्रमुख अधिकारी
17. अंतपाल या राष्ट्रांतपाल—सीमाप्रांतों का प्रधान अधिकारी
18. दुर्गपाल—शत्रुओं से देश की रक्षा करनेवाला अधिकारी

इन 18 राज्याधिकारियों को कौटिल्य ने तीन वर्गों में वर्गीत किया है—

1. मंत्री, पुरोहित, सेनापति और युवराज
2. दौवारिक, अंतर्वंशिक, प्रशास्तृ, समाहर्ता और सन्निधाता
3. प्रदेष्टा, नायक, पौर, व्यावहारिक, कार्मांतिक, सभ्य, दुर्गपाल और अंतपाल।

राजदूत

आज के राजदूतों के समान प्राचीन काल में भी राजदूतों को गौरव प्राप्त था। कौटिल्य ने दूतों को राजा का मुख माना है, क्योंकि अपने राज्य में राजा जैसे नीति-नियम करता है, परराष्ट्र में वही कार्य राजदूत करता है। वहाँ वह राजा का प्रतिनिधि होता है।

इसीलिए कौटिल्य ने राजदूत के आचार-व्यवहार पर अत्यंत बारीकी से विचार किया है। कौटिल्य के अनुसार परराष्ट्र में प्राणों का भय होने पर भी राजदूत को अपने राजा का संदेश अविकल रूप में दूसरे राजा के समक्ष प्रस्तुत करना चाहिए।

कौटिल्य ने राजदूत को कुछ विशेषाधिकार दिए हैं, जैसे आत्मरक्षा। प्राय: सभी धर्मशास्त्रों में तथा राजनीति के शास्त्रों में राजदूत को अवध्य घोषित किया है। कौटिल्य ने तो यहाँ तक कह दिया है कि राजदूत चांडाल ही क्यों न हो, वह अवध्य है, क्योंकि उसका कार्य तो अपने मालिक का संदेश पहुँचाना है। महाभारत, रामायण आदि की विभिन्न कथाओं से इस तथ्य की पुष्टि होती है।

राजदूत की अवध्यता अंतरराष्ट्रीय स्तर पर स्वीकृत थी। अगर कोई राजदूत वैधानिक दृष्टि से अक्षम्य अपराध कर बैठता था, तब भी उसे सजा दी जाती थी, किंतु प्राणदंड नहीं।

'अर्थशास्त्र' के अनुसार राजदूत की तीन श्रेणियाँ थीं—

1. निसृष्टार्थ,
2. परिमितार्थ और
3. शासनहर।

पहली श्रेणी के दूत राजा का संदेश लाने-ले जाने का कार्य करते थे। राजा के कार्य की सिद्धि के लिए वे अपनी ओर से भी बात करते थे। दूसरी श्रेणी के दूत की पहुँच कुछ निर्धारित सीमाओं तक ही सीमित थी। तीसरी श्रेणी के दूत केवल संदेश का आदान-प्रदान करते थे।

गुप्तचर व्यवस्था

कौटिल्य की राजनीति में गुप्तचरों का महत्त्वपूर्ण स्थान था। वे शासक को प्रजा के कष्टों, क्लेशों और पीड़ाओं से अवगत कराते थे। अराजक तत्त्वों और राजकीय नियमों का पालन न करनेवालों पर रोक लगानेवालों का गमन कैसे हो, इसकी सूचना राजा तक पहुँचाना गुप्तचरों का प्रमुख कार्य था।

वर्णाश्रम-व्यवस्था

भारतीय सामाजिक इतिहास में वर्णाश्रम-व्यवस्था का विशेष महत्त्व रहा है। यहाँ तक कि वर्ण-विरोधी बौद्ध एवं जैन धर्म भी इसका पूर्णरूप से त्याग नहीं कर सके। अपने दीर्घकालीन इतिहास के सम-विषम पथ पर संघर्ष-विघर्ष का सामना करती हुई यह व्यवस्था निरंतर चलती रही। सदी-दर-सदी बीत गई, देश में अनेक राजनीतिक एवं धार्मिक परिवर्तन हुए, नए-नए राज्य बनते और बिगड़ते रहे, नए-नए धर्मों की उन्नति और अवनति होती रही, किंतु वर्णाश्रम-व्यवस्था का विलोप न हो सका।

हाँ, देश-काल में परिवर्तन होने पर परिवर्तन अवश्य हुए, एक वर्ण पर दूसरे का और दूसरे पर तीसरे का प्रभाव घटता-बढ़ता रहा। भारतीय इतिहास में प्रभाव एवं प्रभुत्ता के लिए वर्णों का यह पारस्परिक संघर्ष उतना ही महत्त्वपूर्ण रहा है, जितना राजनीतिक इतिहास में सिंहासनों के लिए राजवंशों का पारस्परिक संघर्ष आज भी तमाम कानूनों और जातिवादी राजनीतिक दलों के बावजूद यह व्यवस्था विद्यमान है।

चार वर्ण

इस परंपरागत वर्ण-व्यवस्था में प्रमुखतः चार वर्णों का उल्लेख किया जाता है—ब्राह्मण, क्षत्रिय, वैश्य और शूद्र। इन चारों में ब्राह्मण को सर्वोच्च

स्थान प्राप्त है। कार्य निर्धारण की दृष्टि से ब्राह्मण को समाज में ज्ञान-प्रचार का कार्य सौंपा गया था। क्षत्रिय अपने बाहुबल से ब्राह्मण तथा अन्य वर्णों की रक्षा करते थे। वैश्य व्यापार करके राज्य की अर्थव्यवस्था को व्यवस्थित रखने में योगदान करते थे और शूद्र उपर्युक्त तीनों वर्णों की सेवा से बँधे थे।

राजा की आय का प्रमुख साधन राजकर होता था। आज भी सरकार की आर्थिक नीति करों पर ही आधारित है। अर्थशास्त्र के अनुसार सेल्यूकस के आक्रमण के समय जब प्राप्त राजकर से कार्य नहीं सध पाया तो कौटिल्य ने प्रजा से धन-संग्रह करने के लिए आकाश-पाताल एक कर दिया था। उसने बड़े विलक्षण उपाय खोजे, यहाँ तक कि चंद्रगुप्त ने अपनी प्रजा से भिक्षा माँगते हुए कहा था कि आप लोग मुझ पर अपना प्रेम सूचित करने के लिए धन दें। इस विपत्ति से छुटकारा पाने के लिए देवमंदिरों तक से धन वसूल किया था।

'अर्थशास्त्र' के अनुसार राजा का कर्तव्य है कि वह यह देखे कि हर वर्ण अपने धर्म के अनुसार चलता है या नहीं। जो राजा वर्ण-व्यवस्था की रक्षा करता है, वह श्रेष्ठ राजा है।

वर्णों के कार्य

'अर्थशास्त्र' के अनुसार, ब्राह्मण का पुत्र ब्राह्मण का ही कार्य करे और शूद्र का पुत्र शूद्र का ही पेशा अपनाए, जो ऐसा करता है, वह स्वर्ग को प्राप्त करता है, उसे मोक्ष की प्राप्ति होती है। यदि वर्णों के धर्मों का पालन न किया जाए तो लोक नष्ट हो जाता है। समाज में अव्यवस्था फैल जाती है। अतः राजा वर्णों के धर्मों का कड़ाई से पालन कराए—शूद्र के पुत्र को द्विजातियों की सेवा में ही लगाए। ऐसा राजा ही श्रेष्ठ है और वह परलोक में सुख पाता है

वर्ण-व्यवस्था को लागू करने के लिए 'अर्थशास्त्र' ने प्रलोभन और भय दोनों दिखाए हैं तथा राजशक्ति का भी सहारा लिया है। पहले तो वह वर्ण के अनुसार पेशा आदि अपनानेवाले को स्वर्ग व मोक्ष का प्रलोभन देता है, फिर यह सोचकर कि संभव है स्वर्ग आदि के झाँसे में लोग न आएँ,

वह लोक के नाश का भय दिखाता है। फिर वह राजशक्ति द्वारा समाज में विघटन के लिए अग्रसर होता है। वह राजा को भी स्वर्ग, परलोक आदि के सब्जबाग दिखाता है, ताकि उनके प्रलोभन में आकर ही वह वर्ण-व्यवस्था को लागू करे।

वर्ण-व्यवस्था को लागू करवाने के लिए भाँति-भाँति के हथकंडे अपनाने के पीछे रहस्य यह है कि वह अपने वर्णहितों को हर तरह से सुरक्षित करना चाहता है, ताकि उसके वर्ण के विशेषाधिकारों, उसकी सुरक्षाओं और उसकी सुख-सुविधाओं का जीवन बीमा हो जाए।

धर्म और राजनीति

धर्म और राजनीति दो अलग-अलग बातें हैं। धर्मपरायण लोग राजनीति से प्राय: दूर ही रहते हैं—'सतन कौं सीकरी सौं का काम है।' किंतु विडंबना यह है कि राज-काज में किसी एक को अपनाकर सफलता नहीं मिल सकती। एक ओर राजा को व्यवस्थित राजकाज के लिए राजनीति का सहारा लेना पड़ता है, तो दूसरी ओर जनहित में धर्म-कर्म करते हुए धर्म की रक्षा भी करनी पड़ती है। इसीलिए कौटिल्य ने 'अर्थशास्त्र' में राजा को धर्म के सहारे राजनीति करने की सलाह दी है।

'अर्थशास्त्र' कहता है कि सहारे या धर्म की आड़ में राजा को स्वयं भी और अपने मंत्रियों व गुप्तचरों द्वारा भी राजनीति करनी-करानी चाहिए। कौटिल्य ने अपने 'अर्थशास्त्र' के कई अध्यायों में धर्म और राजनीति पर चर्चा की है। यहाँ ध्यान देने की बात यह है कि 'अर्थशास्त्र' की राजनीति और कूटनीति व्यवस्थित राजकाज के साथ-साथ शत्रु राजा के विनाश को ध्यान में रखकर विवेचित है।

धार्मिक स्थलों पर विनाश के उपाय—कौटिल्य ने राजा को सलाह दी है कि धार्मिक स्थलों पर शत्रु राजा का विनाश सहज संभव है।

कौटिल्यकालीन शस्त्रास्त्र यानी यंत्र

जैसा कि पूर्वोल्लिखित है कि 'अर्थशास्त्र' की रचना राजनीतिक दृष्टि

से की गई थी। अत: इसमें जब युद्ध संबंधी विवरण दिया गया है तब युद्ध में प्रयुक्त होनेवाले विभिन्न अस्त्रों-शस्त्रों का भी वर्णन स्वाभाविक है। 'अर्थशास्त्र' में मुख्यत: षड्वर्गीय शस्त्रास्त्रों का निरूपण किया गया है—अचल, चल, हलमुख, धनुष-बाण, खड्ग, क्षुरवर्गीय। गौरतलब है कि कौटिल्य ने शस्त्रास्त्रों के लिए प्राय: 'यंत्र' शब्द का प्रयोग किया है। इस वर्ग के अंतर्गत वे यंत्र आते हैं, जो प्राय: एक स्थान पर रखे तथा हाथ में लेकर प्रहार के लिए प्रयोग किए जाते हैं। टीकाकारों ने इन्हें 'स्थित यंत्र' भी कहा है। कौटिल्य ने 'अर्थशास्त्र' में इस वर्ग के अंतर्गत निम्नलिखित दस शस्त्रास्त्रों का उल्लेख किया है।

स्थितयंत्र दस प्रकार के होते हैं, जिनका विवरण इस प्रकार है—1. सर्वतोभद्र (मशीनगन), 2. जामदग्न्य (जिसमें बीच के छेद से बड़े-बड़े गोले निकलें), 3. बहुमुख (किले की दीवारों में ऊँचाई पर बनाए गए वे स्थान, जहाँ से सैनिक गोलीवर्षा कर सकें), 4. विश्वासघाती (नगर के बाहर तिरछी बनावट का एक ऐसा यंत्र, जिसको छू लेने से ही प्राणांत हो जाए), 5. संघाटि (लंबे-ऊँचे बाँसों से बना हुआ वह यंत्र, जो महलों के ऊपर रोशनी फेंके), 6. यानक (पहियों पर रखा जानेवाला यंत्र), 7. पर्जन्यक (वरुणास्त्र, फायरब्रिगेड), 8. बाहुयंत्र (पर्जन्यक की भाँति, किंतु उसका आधा), 9. ऊर्ध्वबाहु (ऊपर स्तंभ की आति का नजदीक की मार करनेवाला यंत्र) और 10. अर्धबाहु (ऊर्ध्वबाहु का आधा)।

कुछ पुरातनवादियों ने कौटिल्य के इन यंत्रों में आधुनिक मशीनगन, फायरब्रिगेड, तोप, बंदूक की गोलियाँ आदि खोजकर अनेक भ्रांतियों को जन्म दे दिया है। इसे हरे चश्मे की करामात ही कहा जा सकता है, अन्यथा जिन यंत्रों या अस्त्र-शस्त्रों का आविष्कार मुश्किल से 500 वर्ष पूर्व हुआ हो वे दो-ढाई हजार साल पहले कौटिल्य के समय में कैसे हो सकते थे। अत: 'अर्थशास्त्र' की विभिन्न टीकाओं की सहायता से उन शस्त्रास्त्रवाचक शब्दों के तुलनात्मक अर्थ जान लेना अप्रासंगिक नहीं होगा?

न्याय एवं दंड-व्यवस्था

'अर्थशास्त्र' की न्याय-व्यवस्था भेदभावपूर्ण है, जिसमें ब्राह्मण प्राणदंड से मुक्त है, परंतु शूद्र छोटे से अपराध के लिए भी सख्त दंड का भागी बनता है। 'अर्थशास्त्र' बहुत से अपराध गिनाकर निर्णय देता है कि इन अपराधों में जितना दंड पुरुषों के लिए कहा गया है, उससे आधा स्त्रियों को दिया जाए। परंतु ब्राह्मण (वह चाहे जैसा भी हो), वेदज्ञ (वेद का विद्वान् ब्राह्मण) और तपस्वी को केवल इतना दंड दिया जाए कि सिपाही उनको जरा इधर-उधर थोड़ा-बहुत दौड़ा-फिरा दे। यदि कोई छोटा अधिकारी ब्राह्मण को इससे ज्यादा दंड दे तो उच्च अधिकारी का कर्तव्य है कि वह उसको उत्तम साहस दंड (500 से 1000 पण तक अर्थदंड) दे।

धन की व्यवस्था

धन राजकोष में रखा जाए, अथवा किसी सुरंगवाले कुएँ में तीन या पाँच सिरवाले बनावटी नाग को दिखाया जाए और उसको दिखाने के बदले में दर्शकों से धन लिया जाए। फिर उस धन को राजकोष में जमा कर दिया जाए या किसी मंदिर तथा वाल्मीकि को साँप को अचानक दिखाकर उसे मंत्र या औषधि से वश में कर लिया जाए, और तब यह कहते हुए श्रद्धालु भक्तों को उसके दर्शन कराए जाएँ कि 'देखो, देवता की कैसी महिमा है।'

जो व्यक्ति इस पर विश्वास न करें उन्हें चरणामृत के साथ इतना विष दिया जाए कि वे बेहोश हो जाएँ, और फिर यह प्रसिद्धि की जाए कि यह 'नाग देवता का शाप है।' जो व्यक्ति देवता की निंदा करें उन्हें साँप से कटवा दिया जाए और उसे भी देवता का ही शाप कहा जाए, बाद में औपनिषदिक प्रकरण में निर्दिष्ट रीति से चिकित्सा कर उसके विष को दूर कर दिया जाए।

इस प्रकार धन संचय करके राजा अपने खजाने को बढ़ाए।

नारी की दशा

कौटिल्य के 'अर्थशास्त्र' में नारी के मुख्यतः तीन रूप हैं—आम गृहस्थ नारी, दासी और वेश्या। तीनों रूपों को अलग-अलग तरह के ग्रहण लगे

हुए हैं, जिनसे चारों ओर मानवीय संवेदनहीनता का ही साम्राज्य दिखाई पड़ता है। नारी आज 21वीं शताब्दी में भी उन ग्रहणों से पूरी तरह मुक्त नहीं हो पाई है, यद्यपि उसके सशक्तीकरण के प्रयास निरंतर जारी हैं।

आम गृहस्थ नारी

कौटिल्य के अनुसार बारह वर्ष की लड़की और सोलह वर्ष का लड़का वयस्क (बालिग) व विवाह के योग्य हैं। इस तरह वे बालविवाह का आदेश देता है जो आज के भारत में कानूनन अपराध है, परंतु स्मृतियों में पुण्यकार्य माना गया है।

आठ प्रकार के विवाह

कौटिल्य 8 तरह के विवाहों का वर्णन करता है—1. ब्राह्म विवाह (वस्त्र, आभूषण आदि से सजाकर विधिपूर्वक कन्यादान करना), 2. प्राजापत्य विवाह (कन्या और वर दोनों सहधर्म पालन करने की प्रतिज्ञा कर जिस विवाह बंधन को स्वीकार करते हैं), 3. आर्ष विवाह (वर से लड़की की कीमत के रूप में गाय का जोड़ा लेकर जो विवाह किया जाता है), 4. दैव विवाह (विवाह वेदी में बैठकर ऋत्विक (पुरोहित) को ही जो कन्यादान दिया जाता है)।

इन चार तरह के विवाहों को वह 'धर्मानुकूल विवाह' कहता है, क्योंकि ये पिता की अनुमति से होते हैं।

इन चार विवाहों के अतिरिक्त वह चार अन्य विवाहों का भी उल्लेख करता है—1. गांधर्व विवाह (कन्या और वर का आपसी सलाह से किया गया विवाह), 2. आसुर विवाह (कन्या के पिता को धन देकर लड़की प्राप्त करना), 3. राक्षस विवाह (किसी कन्या से बलपूर्वक विवाह करना) और 4. पैशाच विवाह (सोई हुई कन्या का अपहरण करके विवाह करना)।

ये विवाह भी 'अर्थशास्त्र' में मान्यताप्राप्त हैं। भरत (जिसके नाम पर इस देश का नाम पड़ा) के पिता दुष्यंत का उसकी माँ शकुंतला से गांधर्व विवाह ही हुआ था।

विधवा-विवाह

'अर्थशास्त्र' विधवा स्त्री को पुनर्विवाह की अनुमति देता है। यह बात अलग है कि ऐसे विवाह के बाद उसे कई अधिकारों से वंचित कर देता है। स्त्री पति की मृत्यु के पश्चात् यदि स्त्रीधन, [उसके नाम पर जमा रुपया (वृत्ति)] और गहने आदि (आवध्य), लेने के बाद दूसरा पति कर ले तो उसका सारा मूलधन ब्याज सहित वापस करना होगा। पुनर्विवाह की इच्छा करनेवाली स्त्री अपने मृत पति के उत्तराधिकार को भी नहीं प्राप्त कर सकती। यदि कोई विधवा अपने पुत्रों के भरण-पोषण के लिए पुनर्विवाह करना चाहे तो उसे निजी संपत्ति अपने लड़कों के नाम करनी होगी।

□

12

चाणक्य के जीवनोपयोगी सूत्र

हमें भूत के बारे में पछतावा नहीं करना चाहिए, न ही भविष्य के बारे में चिंतित होना चाहिए। विवेकवान व्यक्ति हमेशा वर्तमान में जीते हैं।

—आचार्य चाणक्य

किसी भी विस्तृत तथ्य को सारगर्भित संक्षिप्त रूप में अर्थात् कम-से-कम शब्दों में व्यक्त करना 'सूत्र' कहलाता है। वेद, व्याकरण आदि आरंभिक ग्रंथ इसी शैली में रचित हैं। सूत्र शैली के दो प्रमुख गुण थे—शुद्धि एवं संक्षेप। पाणिनि के अनुसार, संक्षेपण के दौरान आधी मात्रा की भी बचत पुत्रजन्म की प्रसन्नता के समान सुखद होती है—

प्राचीन काल में यह शैली पर्याप्त लोकप्रिय रही है। कौटिल्य ने भी इस सूत्रात्मक शैली में रचना की है। 'अर्थशास्त्र' उनकी दृष्टि में विवेचनात्मक कम, सूत्रात्मक अधिक रहा है।

कौटिल्य ने इस शैली में कुछ स्वतंत्र सूत्रों की रचना भी की है। इन सूत्रों का मूल प्रतिपाद्य प्राय: वही है, जो 'अर्थशास्त्र' का है। अन्य शब्दों में यह भी कहा जा सकता है कि राजनीति, धर्मनीति, अर्थनीति विषयक कुछ

कौटिल्यीय विचार इन सूत्रों के सहायक से जनसाधारण के समक्ष प्रस्तुत किए गए हैं, ताकि वे 'अर्थशास्त्र' के गुरु गंभीर विषयों को सहज ही समझ सकें।

धर्म सुख का मूल है, अर्थात् यदि सुख चाहिए तो धर्म का आचरण कीजिए। धर्म का त्याग करके सुख प्राप्त नहीं किया जा सकता।

धर्म का मूल 'अर्थ' (राजनीति) है।

अर्थ (राजनीति) का मूल 'राज्य' है अर्थात् यदि राज्य नहीं होगा तो राजा अपनी राजनीति कैसे चला सकेगा?

राज्य का मूल इंद्रियजय है, अर्थात् यदि राजा संयमी व इंद्रियजित नहीं होगा तो वह अपने राज्य को सुरक्षित रख ही नहीं सकेगा। इंद्रियजय का आधार विनय है। विनय का मूल वृद्धों (ज्ञानवृद्ध, वयोवृद्ध) की सेवा है।

वृद्धों की सेवा का मूल विज्ञान (विशुद्ध ज्ञान अथवा विवेक) है। विज्ञान (विशुद्ध ज्ञान अथवा विवेक) से आत्मोन्नति होती है। आत्मोन्नति प्राप्त करनेवाला व्यक्ति ही आत्मजयी होता है। आत्मजयी व्यक्ति सर्वप्रकारेण, विशेषत: अर्थ-संपन्न होता है। अर्थ-संपत्ति (राजनीतिक कौशल) ही अमात्य आदि प्रति-संपत्ति का आधार है।

प्रति-संपत्ति से नेतृत्वविहीन राज्य का संचालन भी संभव है। अमात्य आदि का कोप अन्य सभी कोपों से अधिक कष्टकर (भारी) होता है। अविनीत स्वामी की अपेक्षा स्वामी का न होना अधिक कल्याणकारी है।

अपने आपको योग्य एवं अधिकारी (गुण-संपन्न) बना लेने के उपरांत योग्य सहायकों की अपेक्षा करनी चाहिए। सहायकों से रहित राजा के विचार अस्थिर व अनिश्चित रहते हैं। कोई गाड़ी एक पहिए से नहीं चलती अर्थात् राजा व उसके सहायक राज्यरूपी गाड़ी के दो पहिए होते हैं।

सुख-दु:ख (उत्थान-पतन और उन्नति-अवनति) में साथ निभानेवाला ही सच्चे अर्थों में सहायक कहलाता है। मनस्वी राजा को अपने समान मनस्वी व्यक्तियों को ही अपना परामर्शदाता नियुक्त करना चाहिए।

विनयविहीन व्यक्ति को मात्र स्नेह के आधार पर सलाहकार समिति का सदस्य कभी नियुक्त नहीं करना चाहिए। सभी प्रकार की परीक्षाओं में

खरे उतरनेवाले अर्थात् रिश्वत, लोभ, भाई-भतीजावाद आदि दोषों से सर्वथा मुक्त योग्य एवं प्रामाणिक व्यक्ति को ही मंत्री-पद पर नियुक्त करना चाहिए।

राज्य के समस्त कार्य मंत्री (मंत्री की गतिविधि एवं योग्यता आदि) पर ही निर्भर होते हैं। मंत्र (योजना) की रक्षा (दूसरों को किसी भी प्रकार से जानकारी न होने देना) से ही कार्यसिद्धि होती है। मंत्र (योजना) का लीक होना कार्य के विनाश, यानी असफलता का सूचक है।

प्रमाद (घमंड) व्यक्ति को शत्रु के वशीभूत करनेवाला दोष है। सर्वप्रकारेण मंत्र (योजना) की रक्षा करनी चाहिए। मंत्र (विचार)-संपदा राज्य की समृद्धि करती है। मंत्र की रक्षा अर्थात् उसका गोपन स्वयं महत्त्वपूर्ण है। अंधकार में पड़े कार्यों के लिए मंत्र अर्थात् विचार या सलाह दीपक होते हैं।

मंत्र (विचार या सलाह) की आँखों से राजा दूसरों (शत्रु) के दोषों को देखने में भी समर्थ हो जाता है। किसी के मंत्र (विचार या सलाह) के समय मन में ईर्ष्या का भाव नहीं रखना चाहिए। अभिप्राय यह है कि यह विचार उत्तम अवश्य है, परंतु अमुक व्यक्ति से मिला है। अतः इसके ग्रहण से उस व्यक्ति का महत्त्व बढ़ जाएगा, ऐसा नहीं सोचना चाहिए।

तीन व्यक्तियों के एकमत होने पर ही निर्णय को अंतिम एवं ग्राह्य मानना चाहिए। मंत्री ही कार्य व अकार्य का निर्णायक होता है। छह कानों अर्थात् तीसरे व्यक्ति तक मंत्र के जाते ही मंत्र फूट जाता है, उसका गुप्त रह पाना कठिन हो जाता है।

आपत्ति के समय भी प्रेम भाव बनाए रखनेवाला व्यक्ति ही सच्चा मित्र होता है। मित्रों की संख्या में वृद्धि का अर्थ ही अपने बल में वृद्धि है। अप्राप्य की प्राप्ति के लिए प्रयत्न करनेवाला बलवान होता है।

आलसी व्यक्ति कभी अप्राप्त वस्तु को प्राप्त नहीं कर सकता। आलसी व्यक्ति अप्राप्त वस्तु को संयोगवश प्राप्त कर लेने पर भी उसकी रक्षा नहीं कर सकता। अप्राप्त वस्तु के प्राप्त होने व उसके सुरक्षित रह जाने पर भी आलसी व्यक्ति द्वारा उसका संवर्द्धन नहीं हो पाता।

आलसी व्यक्ति अप्राप्त वस्तु को दैववश प्राप्त कर लेने पर भी न तो

उसका स्वयं उपभोग कर पाता है और न ही उसे अनुचरों को दे पाता है। राज्य के चार–अप्राप्त की प्राप्ति, प्राप्त का संरक्षण, संरक्षित का संवर्द्धन व संवर्द्धित का दान–उपभोग आदि ही सर्वस्व है, अर्थात् राज्य का अस्तित्व इन चारों पर ही निर्भर रहता है।

राजतंत्र (राजा और राज्य की स्थिति) का आधार नीतिशास्त्र है। आयत्त और आवाप राज्यतंत्र के अधीन होते हैं। अपने ही देश में चार उपायों—साम, दाम, दंड और भेद का प्रयोग आयत्त कहलाता है। बाहर अर्थात् दूसरे देश में साम, दाम, दंड आदि उपायों का प्रयोग आवाप कहलाता है।

संधि और विग्रह का निर्णय मंत्रिमंडल पर ही छोड़ देना चाहिए। नीतिशास्त्र के अनुसार राज्य–संचालन करनेवाला ही राजा कहलाता है। अपने देश की सीमा से संबद्ध देश का राजा अर्थात् निकटतम पड़ोसी राजा सहज शत्रु होता है।

अपने राज्य की सीमा से संबद्ध राज्य की सीमा के पारवाला राजा अपना सहज मित्र होता है। किसी राजा के मित्र अथवा शत्रु बनने के पीछे कुछ कारण होते हैं। दुर्बल राजा को बलशाली राजा से संधि कर लेनी चाहिए। तेज (बल, शक्ति व उत्कर्ष) ही कार्यसिद्धि का आधार है।

ठंडा लोहा गरम लोहे से नहीं जुड़ता है, अर्थात् दुर्बल की बलवान से कभी नहीं निभती। बलशाली राजा को दुर्बल राजा से विग्रह करना चाहिए। राजा को अपने समान बलशाली या अपने से अधिक बलशाली राजा के साथ कलह (विग्रह) नहीं करना चाहिए। दुर्बल राजा का बलवान राजा से विग्रह करना, पैदल सेना का गजारोही सेना के साथ युद्ध करने के समान है।

कच्चे बरतनों के साथ टकराव के समान समबलशाली के साथ विग्रह करने से हानि उठानी पड़ती है। बुद्धिमान राजा को शत्रु की गतिविधियों का सदैव भली–भाँति निरीक्षण करते रहना चाहिए। शत्रुओं की संख्या एक से अधिक होने पर एक से संधि कर लेनी चाहिए। शत्रु के विरोध की भली–भाँति समीक्षा करते हुए अपनी सुरक्षा के उपायों के प्रति सतर्कता बरतनी चाहिए।

दुर्बल राजा के लिए बलवान राजा का आश्रय लेना ही श्रेयस्कर है। दुर्बल राजा का आश्रय लेनेवाला राजा अपने पैरों पर स्वयं ही कुल्हाड़ी मारता है। आश्रयी राजा के समीप रहना आग के समीप रहने के समान होता है। आश्रित राजा को आश्रयदाता राजा के प्रतिकूल आचरण नहीं करना चाहिए। आश्रित राजा को कभी (अहंकारवश) उद्धत वेश (मवालियों जैसी वेशभूषा) धारण नहीं करनी चाहिए। राजा को देवताओं के चरित्र की नकल नहीं करनी चाहिए।

विवेकी राजा को परस्पर विरोधी दो राजाओं में भेद डाल देना चाहिए। व्यसनी राजा कभी किसी कार्य को सिद्ध नहीं कर पाता। इंद्रियवशवर्ती अर्थात् इंद्रियों पर विजय न पानेवाला राजा चतुरंगिणीपदाति, अश्व, गज और रथ-सेना रखने पर भी नष्ट हो जाता है। जुआरी राजा का कोई भी कार्य सिद्ध नहीं होता। शिकारी राजा के दोनों धर्म और अर्थ—नष्ट हो जाते हैं। अर्थ की अभिलाषा व्यसन नहीं कहलाती। कामासक्त राजा किसी भी कार्य को सिद्ध नहीं कर पाता। वाणी की कठोरता आग की ज्वाला से भी अधिक कष्टकर है।

कठोर दंड देनेवाला राजा समस्त प्रजा का शत्रु बन जाता है। अर्थ से संतुष्ट अर्थात् प्राप्त धन-संपत्ति से संतुष्ट होनेवाले राजा को लक्ष्मी छोड़ देती है। शत्रु को वश में करना दंडनीति पर निर्भर करता है। उचित दंडनीति का आश्रय लेनेवाला राजा ही समस्त प्रजा की रक्षा करने में समर्थ होता है।

दंड से ही संपत्ति बढ़ती है। दंडशक्ति के अभाव में मंत्रिमंडल बिखर जाता है। दंडशक्ति के कारण ही लोग अकरणीय कार्य करने से बचते हैं। दंडनीति से ही अपनी सुरक्षा संभव है।

अपनी सुरक्षा सुनिश्चित हो जाने पर ही दूसरों की सुरक्षा की जा सकती है। राजा का उत्थान व पतन दोनों ही उसके अपने हाथ में हैं। दंड का प्रयोग भली-भाँति सोच-विचार कर ही करना चाहिए। किसी को दुर्बल समझकर उसकी उपेक्षा करना उचित नहीं।

आग दुर्बल नहीं होती, अर्थात् दुर्बल राजा भी भारी उत्पात मचा सकता

है। दंड ही व्यवहार के ज्ञान का आधार है। व्यवहार पर ही अर्थ की प्राप्ति निर्भर करती है। अर्थ ही धर्म और काम का मूल है। कार्य अर्थ का मूल है।

प्रयत्न थोड़ा भी हो, परंतु सही दिशा में हो तो कार्यसिद्धि हो जाती है। उपायपूर्वक (सोच-विचारकर) किया जानेवाला कोई भी कार्य कठिन नहीं होता। उपाय (सोच-विचार) के बिना किया गया कार्य अर्थात् उस दिशा में किया गया प्रयास व्यर्थ हो जाता है। कार्य सिद्धि के इच्छुक के लिए उपाय (सही दिशा में सोच-विचार) ही सहायक होता है।

पुरुषार्थ से (अभीष्ट) कार्य सिद्ध किया जा सकता है। भाग्य भी पुरुषार्थ के पीछे चलता है। भाग्य के प्रतिकूल होने पर, प्रयत्नपूर्वक किए गए कार्य में भी सफलता नहीं मिलती। असावधान व्यक्ति व्यवहारकुशल नहीं होता।

निश्चय करने के उपरांत ही कार्य आरंभ करना चाहिए। एक कार्य सिद्ध होने के उपरांत, दूसरे कार्य की सिद्धि के लिए प्रवृत्त होने में विलंब नहीं करना चाहिए। चंचल चित्तवाला (अस्थिरबुद्धि) व्यक्ति कार्य सिद्ध नहीं कर पाता। हाथ में आई वस्तु के तिरस्कार से बना हुआ कार्य भी बिगड़ जाता है।

दोषरहित कार्य तो अपवादस्वरूप एवं विरल हैं। दुःखद एवं कष्टसाध्य लगनेवाले कार्यों में हाथ नहीं डालना चाहिए। समय के साथ चलनेवाला व्यक्ति ही कार्यसिद्धि में सफल होता है। समय ही फल का सुख देनेवाला है। तात्पर्य यह कि समय पर कार्य न करके बाद में करने पर उसका फल व आनंद दोनों जाते रहते हैं। किसी भी कार्य की सिद्धि में क्षण भर का भी विलंब नहीं करना चाहिए।

देश और फल के विवेचन के बाद ही कार्य आरंभ करना चाहिए। दैव की प्रतिकूलता में सरल कार्य भी असाध्य हो जाते हैं। देशकाल का भली-भाँति विचार करके कार्यसिद्धि में प्रवृत्त होना चाहिए। देश-काल का भली-भाँति विचार करनेवाले व्यक्ति के पास लक्ष्मी चिरकाल तक बनी रहती है।

राजा को साम, दाम आदि सभी उपायों से संपत्ति के संचय में प्रवृत्त होना चाहिए। अविचारशील व्यक्ति भाग्यशाली होने पर भी लक्ष्मी का कृपा-पात्र नहीं बन पाता है। प्रत्येक वस्तु की परीक्षा प्रमाण, चतुष्टय, प्रत्यक्ष, अनुमान, उपमान और शब्द से करनी चाहिए।

जो जिस कार्य-विशेष में कुशल हो, उसे उसी कार्य में नियुक्त करना चाहिए। उपायज्ञ पुरुष कठिन कार्य को भी सहज में ही साध लेता है। अज्ञानी व्यक्ति द्वारा साधे गए किसी कार्य को बहुत महत्त्व नहीं देना चाहिए। एक साधारण कीड़ा भी रूप बदल लेता है, फिर व्यक्तियों के संबंध में तो कहना ही क्या? (काव्य में कीट-भृंगन्याय प्रचलित है, जिसके अनुसार निरंतर भृंग को देखनेवाला एक अन्य कीट भी कुछ समय में भृंग बन जाता है।)

संपन्न कार्य को ही प्रमाणित मानना चाहिए। विवेकशील व पवित्र आचरण करनेवालों के कार्य भी कभी-कभी दैव-दोषों व मानुष-दोषों से ग्रस्त हो जाते हैं। दैव के प्रतीकार के लिए शांति कर्म का अनुष्ठान करना चाहिए। मानवीय विपत्तियों के निराकरण के लिए अपने बुद्धि-कौशल का प्रयोग करना चाहिए।

विपत्ति आ जाने पर प्रारंभ किए गए कार्य में दोष-दर्शन मूर्खता का लक्षण है। कार्यसिद्धि के इच्छुक व्यक्ति को भोला-भाला (बुद्धू) नहीं बनना चाहिए, अपितु कार्यसिद्धि के उपायों का चिंतन व अनुसरण करनेवाला होना चाहिए। (उदाहरणार्थ) दूध पीने के लिए बछड़े को भी अपने मुख से गाय के स्तनों पर आघात करना पड़ता है। प्रयत्न न करने पर कार्यों में व्यवधान आ सकते हैं।

दैव (भाग्य) को माननेवाले जीवन में कभी सफल नहीं होते। अकर्मण्य व्यक्ति आय के अभाव में अपने आश्रितों का पालन-पोषण नहीं कर सकता। जो अपने कार्यों की उपेक्षा करता है वह अंधा है। प्रत्यक्ष, अनुमान आदि प्रमाणों से कार्यों की परीक्षा करनी चाहिए।

बिना परीक्षा किए किसी कार्य में प्रवृत्त होनेवाले व्यक्ति का लक्ष्मी परित्याग कर देती है। सोच-विचारकर कार्य करने से विपत्ति तथा व्यवधान

से छुटकारा पाया जा सकता है। अपनी सामर्थ्य के अनुसार ही किसी कार्य को आरंभ करना चाहिए। अपने आश्रितों का पेट भरने के बाद अवशिष्ट अन्न को ग्रहण करनेवाला अमृतसेवी कहलाता है।

सभी प्रकार के कार्य करने से आय के स्रोत बढ़ जाते हैं। अनुद्यमी, यानी डरपोक व्यक्ति को कार्य की चिंता नहीं रहती। कार्यसिद्धि के इच्छुक व्यक्ति को स्वामी का स्वभाव जानकर ही प्रयत्नशील होना चाहिए।

गाय के स्वभाव से परिचित व्यक्ति ही उसका सही दोहन कर सकता है। छोटे लोगों के समक्ष अपने बड़े कार्यों एवं गुप्त योजनाओं की चर्चा नहीं करनी चाहिए। सरल स्वभाववाला राजा अपने आश्रितों की भी उपेक्षा का पात्र बन जाता है।

उग्र स्वभाववाले राजा से सभी व्यक्ति भयभीत रहते हैं। राजा को मध्य मार्ग अपनाते हुए उचित दंड का निर्धारण करना चाहिए। दुर्बल राजा शास्त्रज्ञ होने पर भी प्रजा के सम्मान का पात्र नहीं बन पाता। अधिक भार से पुरुष दु:खी हो जाता है।

जो सार्वजनिक रूप से दूसरों के दोषों का उद्‍घाटन करता है, वह प्रकारांतर से अपनी अयोग्यता का ही परिचय देता है। असंयमी तथा क्रोधी व्यक्ति का क्रोध उसे ही नष्ट कर डालता है। सत्य, शील एवं शुद्ध आचरणवाले व्यक्ति के लिए इस संसार में कुछ भी पाना कठिन नहीं। केवल साहस से ही कार्य सिद्ध नहीं होते।

विपत्ति में फँसा व्यक्ति विपत्ति के टल जाने पर विपत्ति के कष्टों अथवा उसकी कठिनाइयों को भूल जाता है। यथासमय कार्य न करने अथवा चूक जाने पर सिद्धि में रुकावट आती है। संशयरहित विनाश की अपेक्षा संशयग्रस्त (संदिग्ध) विनाश कहीं अधिक अच्छा है। दूसरे की संपत्ति को धरोहर रूप में रखने के पीछे केवल स्वार्थ होता है।

दान करना धर्म है। वणिक वृत्ति (पाने के लिए कुछ देना) से दिया गया दान कभी सफल नहीं होता। धर्म व अर्थ की हानि न करनेवाला काम ही अपनाने योग्य है। धर्म और अर्थ के विरोधी एवं घातक काम के सेवन

का अर्थ निश्चित रूप में अनर्थ को निमंत्रण देना है। सर्वथा सरल स्वभाव के व्यक्ति का मिलना दुर्लभ है।

सत्पुरुष अपमान से प्राप्त होनेवाले ऐश्वर्य को ठुकरा देते हैं। एक ही दोष अनेक गुणों को ढक (पीछे धकेल) देता है। श्रेष्ठ एवं धर्मात्मा शत्रु के साथ युद्ध नहीं करना चाहिए। सदाचार का परित्याग एवं अतिक्रमण नहीं करना चाहिए। सिंह भूखा होने पर प्राण भले ही त्याग दे, परंतु घास कभी नहीं खाता।

प्राण देकर भी अपने धर्म एवं विश्वास की रक्षा करनी चाहिए। चुगलखोर (पीठ-पीछे बुराई करनेवाले) को तो उसके स्त्री-पुत्र भी छोड़ देते हैं। सही एवं उपयोगी बात बालक द्वारा कही गई होने पर भी ग्रहण कर लेनी चाहिए। अविश्वसनीय सत्य को अपनाने से लाभ नहीं होता। थोड़े से दोष के कारण बहुत सारे गुणों की उपेक्षा उचित नहीं।

विद्वान् पुरुषों में दोष का मिल जाना असंभव नहीं। कोई भी रत्न समूचा (अनविद्ध-अखंड) नहीं होता। किसी का भी विश्वास एक सीमा से अधिक नहीं करना चाहिए। शत्रु द्वारा किया गया प्रिय (हितकर) कार्य भी अंततः अप्रिय (अहितकार) ही सिद्ध होता है। कुएँ की माल के मटके झुकने पर ही कुएँ से भरे पानी को उलीच पाते हैं।

श्रेष्ठ पुरुषों के चिंतन की उपेक्षा नहीं करनी चाहिए। गुणी पुरुषों का आश्रय लेने से गुणहीन व्यक्ति भी गुणवान् हो जाता है। दूध में मिला जल भी दूध ही होता है। पाटली पुष्प मिट्टी के ढेले में भी गंध उत्पन्न कर देता है। सोने के साथ मिलकर चाँदी भी सोना हो जाती है।

मूर्ख व्यक्ति अपने उपकारी का भी अपकार करना चाहता है। पापी को लोकनिंदा का भय नहीं होता। उत्साही व्यक्ति के शत्रु भी उसके वश में हो जाते हैं। राजाओं का मुख्य धन है विक्रम (शौर्य)। आलसी व्यक्ति न तो इस लोक में सुखी और न ही परलोक में सद्गति प्राप्त करता है।

निरुत्साही का भाग्य भी परित्याग कर देता है। उपयोग में आनेवाले धन को ग्रहण करने में उसी प्रकार धैर्यवान तथा सचेष्ट रहना चाहिए, जिस

प्रकार मछुआरा मछली पकड़ने में सचेत रहता है।

अविश्वसनीय पुरुष पर कभी विश्वास नहीं करना चाहिए। विष तो हर स्थिति में विष ही रहता है। अर्थ-संग्रह के समय शत्रु को कभी साथ नहीं रखना चाहिए। अर्थ-सिद्धि के बाद भी शत्रु का विश्वास नहीं करना चाहिए। संबंधों की दृढ़ता और सुनिश्चितता अर्थ पर आधृत रहती है। शत्रु के पुत्र के साथ मैत्री-संबंध होने पर उसकी रक्षा करनी चाहिए।

जब तक शत्रु के दोषों, दुर्बलताओं आदि का पता न चल जाए, तब तक अपना हाथ उसके कंधे पर रखे रहना चाहिए, अर्थात् उससे मित्रता बनाए रखनी चाहिए। शत्रु की दुर्बलता का पता चलते ही तत्काल उस पर प्रहार करना चाहिए। अपने दोषों व दुर्बलताओं को कभी दूसरों पर प्रकट नहीं करना चाहिए।

अपने दोषों और दुर्बलताओं पर प्रहार करनेवालों व उनसे लाभ उठानेवालों को अपना शत्रु ही समझना चाहिए। अपने वश में आए हुए शत्रु का भी विश्वास नहीं करना चाहिए। स्वजनों की बुरी आदतों को दूर करना चाहिए। स्वजनों द्वारा किया गया अपमान अथवा दुर्व्यवहार भी श्रेष्ठ पुरुषों के लिए दुःखदायी होता है।

एक साधारण दोष भी पुरुष के सर्वनाश का कारण बन जाता है। सद्व्यवहार से तो शत्रु को भी जीतना संभव हो जाता है। नीच पुरुषों को अपमानित होने में ही आनंद मिलता है। नीच पुरुषों को सुमति देने का परिणाम उलटा ही निकलता है। नीच पुरुषों पर कभी विश्वास नहीं करना चाहिए।

आदर-सत्कार किए जाने पर भी दुर्जन बदले में दुःख-कष्ट ही पहुँचाता है। जिस प्रकार वन में लगी आग बबूल के साथ चंदन को भी जला देती है, उसी प्रकार दुर्जन व्यक्ति दुर्जनों के साथ-साथ सज्जनों को भी पीड़ा देता है। किसी भी प्राणी का कभी तिरस्कार नहीं करना चाहिए।

क्षमा करने योग्य पुरुष को दंडित नहीं करना चाहिए। मूर्ख व्यक्ति अपने स्वामी द्वारा उससे एकांत में कही बात को अतिरंजित करके प्रस्तुत

करता है। प्रेम का परिचय फल अर्थात् व्यवहार से ही मिलता है। बुद्धि का फल ऐश्वर्य-फल लाभ है। मूर्ख व्यक्ति देय वस्तु को भी देने में बड़े कष्ट का अनुभव करते हैं।

धैर्यहीन व्यक्ति भारी ऐश्वर्य को प्राप्त करके भी अपने विनाश को नहीं रोक पाते हैं। धैर्यहीन व्यक्ति इहलौकिक व पारलौकिक सुखों के भोग से वंचित रह जाता है। दुर्जन का संग कभी भूलकर भी नहीं करना चाहिए। कलाल (मदिरा विक्रेता) के हाथ से ग्रहण किया गया दूध भी मद्य समझा जाता है।

कार्य में संकट के समय निवारण का उपाय सुझानेवाली बुद्धि ही सच्ची बुद्धि है। परिमित भोजन करना स्वास्थ्य की सुरक्षा का उपाय है। अजीर्ण हो जाने पर पथ्य एवं अपथ्य कुछ भी सेवन नहीं करना चाहिए। एक बार खाए भोजन के पच जाने के उपरांत ही दूसरी बार भोजन करनेवाला व्यक्ति कभी किसी रोग का शिकार नहीं होता।

वृद्ध शरीर में उत्पन्न व बढ़ते रोग की कभी उपेक्षा नहीं करनी चाहिए। अजीर्ण अवस्था में भोजन करना रोगों को निमंत्रण देना है। रोग शत्रु से भी बढ़कर कष्ट देनेवाला होता है। अपने सामर्थ्य के अनुसार ही दान करना चाहिए। अधिक तृष्णावाले (लोभी) व्यक्ति को अपने वश में करना सरल होता है।

तृष्णाग्रस्त व्यक्ति बुद्धि का उपयोग कर ही नहीं सकता। अनेक कार्यों में से अधिक फल देनेवाले कार्य को ही प्राथमिकता देनी चाहिए। राजा को आक्रमण आदि महत्त्वपूर्ण कार्यों का स्वयं ही निरीक्षण करना चाहिए। लड़ाई-झगड़े की प्रवृत्ति मूर्खों की एक सामान्य विशेषता है।

मूर्खों से विवाद नहीं करना चाहिए। मूर्खों के साथ मूर्खों के समान ही व्यवहार करना चाहिए। लोहे को लोहा ही काटता है। बुद्धिरहित (मूर्ख) व्यक्ति का कोई मित्र नहीं होता। धर्म ने ही संसार को धारण कर रखा है। व्यक्ति के धर्म और अधर्म मरने पर उसके साथ जाते हैं। दया धर्म की जन्मभूमि है, अर्थात् जहाँ दया है, वहीं धर्म है। सत्य और दान का मूल धर्म है।

व्यक्ति धर्म द्वारा विश्व को जीत सकता है। मृत्यु भी धर्मात्मा व्यक्ति की रक्षा करती है। धर्म-विरुद्ध पाप का प्रसार धर्म का अपकार है। स्वभाव, कारण तथा कार्य से आसन्न विनाश को जाना जा सकता है। बुद्धि की अधर्म में प्रवृत्ति ही अधर्मात्मा के विनाश की सूचना है। चुगलखोर अपने चरित्र को छिपाकर नहीं रख सकता।

दूसरों के रहस्यों (गुप्त तथ्यों) को कभी नहीं सुनना चाहिए। स्वामी का कठोर होना अनुचित एवं अधर्मपूर्ण है। अपने बंधु-बांधवों की उपेक्षा नहीं करनी चाहिए। दुष्ट माता भी त्याज्य है।

विष से लिथड़ा अपना हाथ भी काटने के योग्य होता है। हित करनेवाला बाहरी व्यक्ति भी अपना बंधु है। सूखे वन से जड़ी-बूटी प्राप्त की जा सकती है। चोरों पर कभी विश्वास नहीं करना चाहिए। बाधारहित कार्य की कभी उपेक्षा नहीं करनी चाहिए। व्यसन (विपत्ति) स्वल्प होने पर भी कष्टदायक होता है। अत: उसे साधारण समझने की गलती नहीं करनी चाहिए।

अपने को अजर-अमर समझकर धन के उपार्जन में प्रवृत्त होना चाहिए। धनवान व्यक्ति सभी के आदर का पात्र बन जाता है। निर्धन होने पर इंद्र भी लोगों की उपेक्षा का पात्र बन जाता है। दरिद्रता पुरुष का जीते जी मर जाना है। कुरूप होने पर भी धनवान को रूपवान समझा जाता है। न देनेवाले धनी को भी याचक छोड़ते नहीं, अपितु आशा लगाए हुए उसे घेरे ही रहते हैं।

निम्न कुल में उत्पन्न धनी उच्च कुल में उत्पन्न निर्धन से उत्कृष्ट समझा जाता है। नीच व्यक्ति को अपने अपमान का डर नहीं होता। चतुर व्यक्ति को आजीविकोपार्जन की चिंता नहीं रहती। जितेंद्रिय व्यक्ति को विषयों में ग्रस्त होने का भय नहीं होता। तत्त्ववेत्ता को मृत्यु का भय नहीं होता। सज्जन दूसरे के कार्य को भी अपना कार्य समझता है।

दूसरों का वैभव पाने की इच्छा नहीं करनी चाहिए। दूसरों का वैभव पाने की इच्छा विनाश का कारण बनती है। दूसरों का स्वल्पमात्र द्रव्य भी नहीं लेना चाहिए। दूसरों के द्रव्य के अपहरण का अर्थ अपने धन की हानि

है। चोरी से बढ़कर कोई अन्य बंधन अधिक कष्टकर नहीं। उपयुक्त समय पर दी गई साधारण औषधि भी प्राणरक्षक सिद्ध होती है।

मृतक व्यक्ति के लिए औषधि निष्प्रयोजन है। संकट की स्थिति में ही ऐश्वर्य के महत्त्व का पता चलता है। नीच व्यक्ति की विद्याएँ व गुण उसे पापकर्म में ही प्रवृत्त करते हैं। सर्प को दूध पिलाने से उसका विष ही बढ़ता है, वह दूध कभी अमृत नहीं बन पाता। अन्न सबसे बड़ा धन है। भूख सबसे बड़ा शत्रु है।

निठल्ले व्यक्ति को भूखा रहना पड़ता है। भूख से व्याकुल व्यक्ति के लिए कुछ भी अभक्ष्य नहीं रहता। वृद्धावस्था में मनुष्य की इंद्रियाँ उसे अपने वश में कर लेती हैं। दयालु स्वामी की सेवा द्वारा जीविकोपार्जन को सौभाग्य मानना चाहिए।

पण स्वामी से आजीविका पाने की इच्छा जुगनू से प्रकाश पाने की इच्छा के समान निरर्थक है। सदैव विशेषज्ञ स्वामी का ही आश्रय लेना चाहिए। अधिक मैथुन से पुरुष असमय में ही वृद्ध हो जाता है। मैथुन न करने से स्त्री असमय में ही वृद्ध हो जाती है। नीच व उत्तम कुलवालों में विवाह संबंध न शोभा देता है और न ही सफल रहता है। अगम्या—भगिनी, पुत्री, गुरुपत्नी, भातृजाया तथा वेश्या आदि स्त्रियों के साथ संभोग करने से व्यक्ति के तीनों—आयु, यश व पुण्य नष्ट हो जाते हैं। व्यक्ति के अहंकार से बड़ा कोई दूसरा शत्रु नहीं।

सभा-समिति में शत्रु की निंदा नहीं करनी चाहिए। शत्रु का संकट सुनकर व्यक्ति को सुख मिलता है। निर्धन पुरुष बुद्धिहीन माना जाता है। निर्धन व्यक्ति की उपयोगी एवं हितकर वाणी भी अग्राह्य होती है। निर्धन व्यक्ति को उसकी पत्नी भी समुचित सम्मान नहीं देती।

जिस प्रकार पुष्परहित आम के पास भ्रमर नहीं जाते, उसी प्रकार निर्धन व्यक्ति की ओर भी कोई ध्यान नहीं देता। विद्या ही निर्धन व्यक्तियों का उत्तम धन है। विद्यारूपी धन को चोर नहीं चुरा सकते। विद्या से व्यक्ति के यश का विस्तार होता है।

यशरूपी शरीर का कभी विनाश नहीं होता। परोपकार के लिए आगे बढ़नेवाला व्यक्ति ही सत्पुरुष है। शास्त्रों के अध्ययन-मनन से इंद्रियाँ वश में आ जाती हैं। अनुचित कार्यों में प्रवृत्त व्यक्ति को संयमशील बनाने के लिए शास्त्र अंकुश का कार्य करता है।

नीच पुरुष के नीच होने के कारण ही उसकी विद्या व उसके किसी विशेष गुण की उपेक्षा नहीं करनी चाहिए। म्लेच्छ भाषा का प्रयोग नहीं करना चहिए। म्लेच्छ व्यक्ति द्वारा कथित हितकर एवं उपयोगी वचन को आदरपूर्वक ग्रहणकर लेना चाहिए।

किसी के गुणों से ईर्ष्या-द्वेष नहीं करना चाहिए। शत्रु में भी गुण दिखाई देने पर उन्हें ग्रहण करने के लिए उद्यत रहना चाहिए। विष से भी अमृत निकालने का प्रयास करना चाहिए। व्यक्ति को उसकी अवस्था के अनुसार ही सम्मान प्रदान होता है। अपने स्थान पर स्थिर रहने पर ही व्यक्ति को आदर मिलता है।

मनुष्य को सदैव श्रेष्ठ पुरुषों (के आचरण) का ही अनुसरण करना चाहिए। मर्यादा का अतिक्रमण कभी नहीं करना चाहिए। श्रेष्ठ पुरुष का कोई मूल्य नहीं। त्री रत्न (रूपवती तथा गुणवती स्त्री) के समान कोई दूसरा रत्न नहीं है।

रत्न का मिलना बड़ा ही कठिन होता है। सभी प्रकार के भयों में अपयश का भय बड़ा होता है। आलसी व्यक्ति शास्त्र का ज्ञान प्राप्त नहीं कर सकता। स्त्रियों में आसक्त पुरुष न तो धर्मकार्य कर पाता है और न ही स्वर्ग-लाभ (अपनी सद्‌गति) कर पाता है। काम में आसक्त व्यभिचारी पुरुष का तो स्त्रियाँ भी अपमान करती हैं।

फल-फूल की इच्छा करनेवाले व्यक्ति सूखे वृक्ष को कभी नहीं सींचते। बिना धन के कोई कार्य संपन्न करने की सोचना बालू में से तेल निकालने के समान है। महापुरुषों का कभी उपहास नहीं करना चाहिए। कार्य संपन्न करते समय उसके लक्षण पूर्व में ही उसकी सिद्धि-असिद्धि की सूचना दे देते हैं।

नक्षत्रों से भी कार्य में सिद्धि-असिद्धि की पूर्वसूचना प्राप्त हो जाती है। त्वरित सफलता का इच्छुक व्यक्ति नक्षत्र गणना को महत्त्व नहीं देता। परिचय हो जाने पर व्यक्ति के दोष छिपे नहीं रहते। अशुद्ध विचारोंवाला व्यक्ति ही दूसरों की शुद्धता पर संदेह करता है।

व्यक्ति के स्वभाव को बदलना असंभव है। अपराध के अनुरूप ही दंड देना चाहिए। प्रश्न के अनुरूप ही उत्तर देना चाहिए। वैभव के अनुसार ही आभूषण धारण करने चाहिए। अपनी कुल-परंपरा व मर्यादा के अनुसार ही आचरण करना चाहिए।

कार्य की गुरुता-लघुता के अनुरूप ही प्रयास करना चाहिए। पात्र की योग्यता के अनुसार ही उसे दान देना चाहिए। अपनी अवस्था के अनुसार ही वेश धारण करना चाहिए। स्वामी की रुचि के अनुसार ही सेवक को कार्य-व्यवहार करना चाहिए।

पति के अधीन रहनेवाली एवं पति के प्रति समर्पित स्त्री ही भार्या अर्थात् भरण-पोषण के योग्य बनती है। गुरु के अधीन रहनेवाला अर्थात् आज्ञाकारी शिष्य ही सच्चे अर्थों में शिष्य कहलाता है। पिता का आज्ञाकारी ही पुत्र कहलाने का अधिकारी है। अत्यधिक आदर-सम्मान भी आशंका योग्य होता है।

स्वामी की आज्ञा का निश्छल भाव से पालन करनेवाला ही सच्चा सेवक है। माता से पिटा बालक भी माता के आगे ही रोता है अर्थात् सच्चे हितैषी द्वारा उपेक्षित व अपत व्यक्ति भी उसे नहीं छोड़ता। स्नेही व्यक्ति का क्रोध क्षणिक होता है।

मूर्ख व्यक्ति अपने दोषों को न देखकर दूसरों के दोष देखता है। दिखावे के पीछे छल रहता है। प्रयोजन-विशेष सिद्धि के लिए की जानेवाली सेवा भी उपचार कहलाती है। सुपरिचित व्यक्ति द्वारा अतिरिक्त (सामान्य से हटकर) आदर-सम्मान का प्रदर्शन संशय में डालनेवाला होता है।

सौ उत्कृष्ट कुत्तों की अपेक्षा एक साधारण गाय का महत्त्व कहीं अधिक है। कल प्राप्त होनेवाले (अनिश्चित) मोर की अपेक्षा आज हाथ में

आया कबूतर कहीं अधिक अच्छा है। अधिक समय तक साथ-साथ रहने से मन-मुटाव होने की आशंका रहती है। क्रोध न करनेवाला व्यक्ति सर्वत्र विजयी होता है। अपकारी व्यक्ति पर भी क्रोध करने से पहले अपने को प्रबोधित करना चाहिए कि मैं अपने पर संयम क्यों नहीं रख पाया?

मूर्खों, मित्रों, गुरुजनों एवं प्रिय व्यक्तियों के साथ विवाद न करना ही बुद्धिमत्ता है। ऐसा कोई ऐश्वर्य नहीं होता, जिसमें पतन की संभावना न छिपी हो। साधन सुलभ होने के कारण शुभकार्य करने में धनिकों को श्रम नहीं करना पड़ता। वाहन पर सवार व्यक्ति को थकावट का अनुभव नहीं होता। स्त्री कोमल होते हुए भी लोहे की बेड़ी है।

जो जिसमें कुशल है, उसे उसके उपयुक्त ही कार्य सौंपना चाहिए। अधिक संभोगप्रिय स्त्री मनस्वी पुरुष के बलिष्ठ शरीर को भी क्षीण कर देती है। प्रमाद छोड़कर सदैव स्त्रियों का निरीक्षण करना चाहिए।

आदरणीय व्यक्तियों में माता का स्थान सर्वोपरि है। हर अवस्था में माता का भरण-पोषण करना चाहिए। अपने को सजाने-सँवारने से विद्वत्ता पीछे जा पड़ती है। लज्जा स्त्री का उत्तम आभूषण है। वेदों का ज्ञान ब्राह्मणों का उत्तम आभूषण है। धर्म (कर्तव्य-पालन) सभी प्राणियों का उत्तम आभूषण है।

विद्या तथा विनय-संपन्नता (उत्कृष्ट चरित्र एवं आदर्श आचरण) सभी आभूषणों का आभूषण है। उपद्रवों से मुक्त देश ही निवास के लिए उपयुक्त स्थान है। सज्जनों द्वारा बनाया गया अपना निवास स्थान ही रहने योग्य है। राजा से सदा भयभीत रहना चाहिए। इस पृथ्वी पर राजा से बड़ा कोई दूसरा देवता नहीं। राजा का क्रोध दूर रहनेवाले व्यक्ति को भी नष्ट कर देता है।

राजा के पास कभी खाली हाथ नहीं जाना चाहिए। गुरु व देवता के पास जाते समय कुछ-न-कुछ भेंटरूप में अवश्य ले जाना चाहिए। बड़े परिवारवाले व्यक्ति से सदा डरते रहना चाहिए। राजपरिवार में जाने के अवसर को गँवाना नहीं चाहिए।

राजपुरुषों से यथासंभव संबंध बनाए रखना चाहिए। राजपरिवार की सेविकाओं से किसी प्रकार का कोई संबंध नहीं रखना चाहिए। राजा की

ओर आँख उठाकर, अर्थात् अवज्ञा के भाव से कभी नहीं देखना चाहिए। पुत्र के गुणवान होने पर परिवार स्वर्गतुल्य बन जाता है। पुत्र को सभी विद्याओं में पारंगत बनाना चाहिए।

जनपद के हित की रक्षा के लिए गाँव के हित की उपेक्षा में संकोच नहीं करना चाहिए। ग्राम-हित के सामने परिवार-हित को महत्त्व नहीं देना चाहिए। पुत्र लाभ बहुत बड़ा लाभ है। पुत्र ही माता-पिता को दुर्गति से बचाता है। पुत्र ही अपने वंश को उजागर करता है। पुत्रहीन व्यक्ति को स्वर्ग की प्राप्ति नहीं होती। जो संतान उत्पन्न करे, वही स्त्री भार्या होती है।

आसन्न विनाशवाला व्यक्ति अपने हित की बात नहीं सुनता। सुख और दुःख प्रत्येक देहधारी के नित्य धर्म हैं। जिस प्रकार बछड़ा (हजारों गायों में) अपनी माँ को ढूँढ़ लेता है, उसी प्रकार सुख-दुःख भी शुभ-अशुभ के कर्ता को ढूँढ़ निकालते हैं। सज्जन दूसरे के तिल मात्र उपकार को भी पर्वततुल्य महत्त्व देते हैं।

दुष्ट पुरुष का उपकार करना व्यर्थ है। उपकार का बदला चुकाने के भय से दुष्ट व्यक्ति शत्रु बन जाता है। सज्जन थोड़े से उपकार का भी अत्यधिक परिमाण में बदला चुकाने के लिए सदैव उद्यत रहते हैं। देवों का कभी अनादर नहीं करना चाहिए। चक्षु के समान दूसरी कोई ज्योति नहीं।

शरीर में चक्षु सबसे अधिक महत्त्वपूर्ण अंग है। नेत्रहीन व्यक्ति के लिए तो शरीर धारण करना ही व्यर्थ है। जल (नदी, नद तथा सरोवर आदि) में कभी मूत्र-विसर्जन नहीं करना चाहिए। नग्न होकर नदी-नद आदि में स्नान नहीं करना चाहिए।

मनुष्य का जैसा शरीर (श-स्थूल, सुंदर-असुंदर तथा ऊँचा-नाटा) होता है, वैसा ही उसका ज्ञान अर्थात् मस्तिष्क का विकास होता है। बुद्धि के अनुरूप ही मनुष्य वैभव प्राप्त करता है। आग में आग नहीं डालनी चाहिए, अर्थात् क्रुद्ध व्यक्ति को और अधिक क्रोध नहीं दिलाना चाहिए। तपस्वी पूजनीय होते हैं।

परस्त्रीगमन नहीं करना चाहिए। अन्नदान से भ्रूणहत्या (गर्भस्थ शिशु

का वध) तक का पाप शांत हो जाता है। वेदसम्मत धर्म ही सच्चा धर्म है। धर्म का आचरण जिस रूप में भी संभव हो, अवश्य करना चाहिए। सत्य एवं मधुर वाणी स्वर्ग की सीढ़ी है।

सत्य से बढ़कर कोई तप नहीं। सत्य ही स्वर्ग-प्राप्ति का आधार है। सत्य ने ही संसार को धारण कर रखा है। सत्य के बल से ही देवता वर्षा करते हैं। असत्य भाषण से बड़ा कोई दूसरा पाप नहीं। अपने गुरुजनों में दोष-दर्शन अथवा उनकी आलोचना कभी नहीं करनी चाहिए।

दुष्टता के आगे झुकना नहीं चाहिए। दुष्ट व्यक्ति का कोई सच्चा मित्र नहीं होता। दरिद्र व्यक्ति के लिए जीवन-निर्वाह मुश्किल होता है। दानवीर सबसे बड़ा वीर है। गुरु, देवता और ब्राह्मण में सेवा अर्थात् श्रद्धा-सम्मान का भाव रखना मानवता का आभूषण है। विनय (चरित्र की उच्चता) सभी प्राणियों का सच्चा आभूषण है।

कुलीन अविनीत की अपेक्षा अकुलीन विनीत श्रेष्ठ है। सदाचार से आयु व यश में वृद्धि होती है। प्रिय लगनेवाली, परंतु अहितकर वाणी कभी नहीं बोलनी चाहिए। अनेक लोगों के विरोधी को किसी एक व्यक्ति का अनुगमन नहीं करना चाहिए। दुर्जनों के साथ अपना भाग्य नहीं जोड़ना चाहिए।

जीवन में सफल दिखाई देनेवाले नीच पुरुष के साथ कभी संबंध नहीं जोड़ना चाहिए। ऋण, शत्रु व रोग को जड़ से उखाड़ फेंकना चाहिए। अपने लिए कल्याणकारी मार्ग पर चलना ही मनुष्य के लिए उत्तम है। याचकों से घृणा नहीं करनी चाहिए। नीच पुरुष दुष्कर्म स्वयं करता है और फल मिलने पर विधाता को दोषी ठहराता है।

कृतघ्न के लिए नरक के अतिरिक्त कोई दंड नहीं। अपनी उन्नति व अवनति अपनी वाणी पर निर्भर है। वाणी विष और अमृत दोनों का कोष है। प्रियवादी का इस संसार में कोई शत्रु नहीं होता। स्तुति से तो देवता भी प्रसन्न हो जाते हैं, फिर मनुष्यों का तो कहना ही क्या? असत्य एवं दुष्ट वचन की स्मृति चिरकाल तक बनी रहती है।

राजा के विरुद्ध एवं उससे शत्रुता उत्पन्न करनेवाली वाणी का कभी उच्चारण नहीं करना चाहिए। काले रंग की (कुरूप) होने पर भी कोयल की मीठी वाणी सबके मन को मुग्ध करती है। अपने धर्म पर स्थिर एवं दृढ़ रहने के कारण ही सज्जन श्रेष्ठ माने जाते हैं।

याचक का कोई गौरव (आदर-सम्मान) नहीं होता। सौभाग्य ही स्त्री का सच्चा आभूषण है। आजीविका तो शत्रु की भी नष्ट नहीं करनी चाहिए। बिना विशेष प्रयास के जल की सुलभतावाला क्षेत्र ही श्रेष्ठ होता है। एरंड वृक्ष के भरोसे पर हाथी से क्रोध नहीं करना चाहिए। सेमल वृक्ष कितना ही बड़ा क्यों न हो जाए, परंतु उससे हाथी को नहीं बाँधा जा सकता।

कनेर का वृक्ष कितना भी बड़ा क्यों न हो जाए, परंतु उसकी लकड़ी मूसल बनाने के काम नहीं आ सकती। जुगनू कितना भी बड़ा हो जाए, उससे आग का कार्य नहीं लिया जा सकता। समृद्ध हो जाने का अर्थ गुणी हो जाना नहीं है। नीम का वृक्ष कितना ही पुराना क्यों न हो जाए, लकड़ी का सरौता (सुपारी काटने की कैंची) नहीं बनाया जा सकता।

बीज की गुणवत्ता के अनुरूप ही फल उपजता है। जैसा सुनोगे, वैसी बुद्धि होगी। जैसा कुल होगा, वैसा ही आचार होगा। संस्कार करने से भी नीम को आम नहीं बनाया जा सकता। प्राप्त (स्वल्प) सुख का भी परित्याग नहीं करना चाहिए।

मनुष्य स्वयं ही दुःखों को आमंत्रित करता है। रात के समय (अँधेरे में) व्यर्थ भ्रमण नहीं करना चाहिए। आधी रात तक जागते नहीं रहना चाहिए। विद्वानों के साथ तत्त्व-ज्ञान की चर्चा करनी चाहिए। बिना प्रयोजन के दूसरे के घर नहीं जाना चाहिए। लोग जानते हुए भी गलत काम करते हैं। शास्त्र के निर्देशानुसार ही लोक-व्यवहार होना चाहिए।

शास्त्रीय निर्देश के अभाव में श्रेष्ठ पुरुषों का आचरण ही आदर्श होता है। सदाचार से बढ़कर शास्त्र का कोई दूसरा निर्देश नहीं। राजा गुप्तचररूपी नेत्रों से दूर तक देखता है। संसार के प्राणी प्रायः लकीर के फकीर होते हैं। जीविका के आधारभूत साधन की अथवा व्यक्ति की कभी निंदा नहीं करनी चाहिए।

तप का सार (उपलब्धि) इंद्रियजय है। स्त्री के बंधन से मुक्त होना अर्थात् काम पर विजय पाना बड़ा ही कठिन है। समस्त अवांछनीय कार्यों की जननी स्त्री है। पुरुष स्त्रियों की जाँच-परख करने में अर्थात् उनके पातिव्रत्य को सुनिश्चित करने में कभी सफल नहीं होता।

स्त्री का मन क्षण-प्रतिक्षण परिवर्तित होता रहता है। अशुभ के प्रति सचेष्ट एवं विवेकशील व्यक्ति ही स्त्रियों में आसक्त नहीं होते।

ऋग्वेद, यजुर्वेद व सामवेद का ज्ञाता ही यज्ञ के फल (महत्ता) को समझ पाता है। जब तक पुण्य का फल है, तभी तक स्वर्ग में आवास संभव है। स्वर्ग-पतन से बढ़कर कोई दूसरा दु:ख नहीं है। व्यक्ति शरीर त्यागने के बदले इंद्रासन भी ठुकरा देता है। मोक्ष ही सभी दु:खों की निवृत्ति रूप औषधि है। दुष्ट की मित्रता की अपेक्षा सज्जन से शत्रुता अधिक अच्छी है।

अपशब्द कुल को कलंकित कर देते हैं। पुत्र के स्पर्श-सुख से बड़ा कोई दूसरा सुख नहीं। विवाद की स्थिति में धर्म को आधार बनाकर ही निर्णय लेना चाहिए। प्रात:काल उठकर उस दिन निपटाए जानेवाले कार्यों पर विचार करना चाहिए। संध्याकाल में स्त्री-गमन नहीं करना चाहिए। विनाश के कगार पर खड़ा व्यक्ति ही अन्याय करने पर उतारू होता है।

दूध के इच्छुक व्यक्ति को हथिनी की आवश्यकता नहीं होती। दान के समान दूसरा कोई वशीकरण मंत्र नहीं। दूसरों की वस्तु पर आँख नहीं गड़ानी चाहिए। दुर्जनों की समृद्धि दुर्जनों के उपभोग के ही योग्य होती है। नीम के फल को कौए ही खाते हैं। समुद्र अथाह जल का भंडार होने पर भी किसी की प्यास नहीं बुझा पाता।

बालू भी अपने गुण (धूल का उड़ना) को अपनाती है। सज्जन दुर्जनों से मिलने पर कभी आनंदित नहीं होते। हंस श्मशान में नहीं रहते। सारा संसार धन के पीछे पागल है। संसार के सभी प्राणी आशा की डोर से बँधे हैं। आशा पर टिके रहनेवाले वैभव प्राप्त नहीं कर पाते। आशावान अधीर होता है।

दीनता का जीवन जीने की अपेक्षा मृत्यु उत्तम है। आशा मनुष्य को

निर्लज्ज बना देती है। माता के साथ सहवास नहीं करना चाहिए। अपने मुँह मियाँ-मिट्ठू नहीं बनना चाहिए। दिन में सोना नहीं चाहिए। ऐश्वर्य के मद में अंधा व्यक्ति न तो समीपस्थ अपने पूज्य व्यक्ति को देख पाता है और न ही अपने हित की बात सुन पाता है।

स्त्रियों के लिए पति से बढ़कर कोई दूसरा देवता नहीं है। पति की आज्ञा का पालन करनेवाली स्त्री को इहलोक में सुख और परलोक में सद्गति लाभ को प्राप्त होती है। अतिथि की विधि-विधान से पूजा करनी चाहिए।

देवताओं के निमित्त दिया गया द्रव्य कभी नष्ट नहीं होता। आवश्यकता पड़ने पर शत्रु भी मित्र के समान प्रतीत होता है। मृग की तृष्णा धूप की ज्वाला से जलते-चमकते रेतकणों को जल समझने की भ्रांति उत्पन्न कर देती है। शास्त्रों का गलत अर्थ निकालनेवाले व्यक्ति की दुर्बुद्धि उसे भटकाती रहती है।

सत्संग स्वर्ग का सुख देनेवाला होता है। श्रेष्ठ पुरुष दूसरों को अपने समान समझते हैं। व्यक्ति के रूप के अनुसार ही उसमें गुणों का अनुमान लगाया जाता है। जहाँ व्यक्ति को सुख-लाभ मिलता है, वही उसके निवास के लिए उपयुक्त स्थान है।

विश्वासघाती मनुष्य के उद्धार का कोई उपाय नहीं। देवाधीन विषय के संबंध में सोच-विचार करना व्यर्थ है। सज्जनों का लक्षण है अपने आश्रितों के दुःखों को भी अपना दुःख समझना। दिल की बात को छिपाकर बनावटी बातें करना अनार्यता का लक्षण है।

बुद्धिहीन मनुष्य पिशाच के समान निंदनीय है। साथी के बिना यात्रा नहीं करनी चाहिए। पुत्र की प्रशंसा उसके सामने नहीं करनी चाहिए। सेवक को सदैव अपने स्वामी का गुणगान करना चाहिए। सेवक को अपने धर्मकार्यों के अनुष्ठान का श्रेय भी अपने स्वामी को ही देना चाहिए।

राजा (नौकरी देनेवाले) की आज्ञा का कभी उल्लंघन नहीं करना चाहिए। स्वामी की जैसी आज्ञा हो, वैसा ही कार्य करना चाहिए। बुद्धिमान व्यक्ति का कभी कोई शत्रु नहीं होता। अपने दोषों को दूसरों पर प्रकट नहीं करना चाहिए।

क्षमाशील व्यक्ति अपने सभी कार्य सहज ही सिद्ध कर लेता है।

आपातकाल के लिए कुछ-न-कुछ धन बचाकर रखना चाहिए। साहसी व्यक्तियों की सदैव प्रशंसा करनी चाहिए। कल के लिए निर्धारित कार्य को आज ही निपटाने का प्रयास करना चाहिए। धर्म की परख व्यवहार से होती है।

लोक-व्यवहार में निपुणता ही सर्वज्ञता है। लोक-व्यवहार से अपरिचित व्यक्ति शास्त्रों का ज्ञाता होने पर भी मूर्ख के समान ही है। शास्त्र-ज्ञान का प्रयोजन भी लोक-व्यवहार में निपुणता प्राप्त करना है। यथार्थ ज्ञान के द्योतक (प्रमाण) कार्य व आचरण हैं। न्याय करते समय पक्षपात नहीं करना चाहिए।

न्याय धर्म से भी बढ़कर है। आत्मा न्याय-अन्याय की साक्षी होती है। आत्मा समस्त उचित-अनुचित कार्यों की साक्षी होती है। कपट रूप से साक्षी नहीं बनना चाहिए। झूठा साक्ष्य देनेवाले नरकगामी होते हैं। पृथ्वी, जल, अग्नि, वायु और आकाश मनुष्य द्वारा छिपकर किए गए कर्मों के द्रष्टा एवं साक्षी होते हैं। पापी अपने पापों को छिपा नहीं पाता, स्वयं ही उन्हें प्रकट कर देता है।

मनुष्य का चेहरा व्यवहार के समय उसके मन के गुप्त भाव को प्रकट कर ही देता है। देवता भी मन के भावों को छिपाने में सफल नहीं हो पाते। चोरों व सरकारी अधिकारियों से अपना धन छिपाकर रखना चाहिए। प्रजा को कठिनाई से मिलनेवाला राजा अपनी प्रजा को खो बैठता है।

अपनी प्रजा के सुख-दुःख को सुननेवाले राजाओं से उनकी प्रजा संतुष्ट रहती है। प्रजा न्यायशील राजा को अपनी माता के समान गौरव देती है एवं उसका आदर सम्मान करती है। प्रजावत्सल राजा इस लोक में यश, सुख, वैभव को तथा परलोक में सद्गति को प्राप्त करता है।

अहिंसा धर्म की कसौटी है। सज्जन अपने शरीर को भी दूसरों के लिए मानते हैं। मांस-भक्षण सभी प्राणियों के लिए अनुचित है। ज्ञानी पुरुषों को सांसारिक भय नहीं सताते।

विज्ञान (ब्रह्मज्ञान) के दीपक से सांसारिक भय रूपी अंधकार नष्ट हो जाता है। श्यमान जगत् नश्वर है। कृमि-कीट व मल-मूत्र से भरा यह शरीर

ही पापों व पुण्यों का आधार है। जन्म और मरण—दोनों में दुःख-ही-दुःख है। बुद्धिमान पुरुष को जन्म-मरण के बंधन से मुक्ति के लिए प्रयत्नशील होना चाहिए। मनुष्य तप से स्वर्ग-लाभ कर लेता है। क्षमाशील पुरुष का तप बढ़ता जाता है। तप से समस्त कार्य सिद्ध हो सकते हैं।

□

13

महान् रचनाकार चाणक्य

व्यक्ति अकेले पैदा होता है और अकेले मर जाता है और वह अपने अच्छे और बुरे कर्मों का फल खुद ही भुगतता है। और वह अकेले ही नरक या स्वर्ग जाता है।

—आचार्य चाणक्य

चाणक्य का अर्थशास्त्र राजनीति, अर्थनीति, कृषि, समाजनीति आदि का महान् ग्रंथ है।

अर्थशास्त्र मौर्यकालीन भारतीय समाज का दर्पण माना जाता है। कहते हैं कि चाणक्य राजसी ठाट-बाट से दूर एक छोटी सी कुटिया में रहते थे। उन्होंने तक्षशिला विश्वविद्यालय में वेदों का गहन अध्ययन किया। तक्षशिला एक सुस्थापित शिक्षण संस्थान था और माना जाता है कि पाणिनी ने संस्कृत व्याकरण की रचना यहीं की थी। चाणक्य भी बाद में यहाँ नीतिशास्त्र के व्याख्याता हुए।

कहा जाता है कि वे व्यावहारिक उदाहरणों से पढ़ाते थे। यूनानी लोगों के तक्षशिला पर चढ़ाई करने के कारण वहाँ एक राजनीतिक उथल-पुथल मच गई और चाणक्य को मगध में आकर बसना पड़ा। उन्हें निस्संदेह एक राजा के

निर्माता के रूप में अधिक जाना जाता है। चंद्रगुप्त मौर्य विशेष रूप से उनकी सलाह मानते थे। शत्रुओं की कमजोरी को पहचानकर उसे अपने काम में लाने की विशिष्ट प्रतिभा के चलते चाणक्य हमेशा अपने शत्रुओं पर हावी रहे।

उन्होंने तीन पुस्तकों की रचना की—'अर्थशास्त्र', 'नीतिशास्त्र' तथा 'चाणक्य नीति'। 'नीतिशास्त्र' में भारतीय जीवन के तौर-तरीकों का विवरण है तो 'चाणक्य नीति' में उन विचारों का लेखा-जोखा है जिनमें चाणक्य विश्वास करते थे और जिनका वे पालन करते थे। राजा के निर्माता राष्ट्रीय नीतियों, रणनीतियों तथा विदेशी संबंधों पर लिखी गई 'अर्थशास्त्र' उनकी सर्वाधिक विख्यात पुस्तक है। प्रबंधन की दृष्टि से एक राजा तथा प्रशासन की भूमिका तथा कर्तव्यों को यह पुस्तक स्पष्ट करती है। यह पुस्तक एक राज्य के सफल संचालन से जुड़े विभिन्न पहलुओं पर प्रकाश डालती है। उदाहरण के लिए यह न सिर्फ आपदाओं तथा अनाचारों से निपटने की राह बताती है, बल्कि अनुशासन तथा नीति-निर्धारण के तरीकों का भी उल्लेख करती है।

चाणक्य का व्यक्तित्व शिक्षकों तथा राजनीतिज्ञों के लिए किसी भी काल में तथा किसी भी देश में अनुकरणीय एवं आदर्श है। उनके चरित्र की महानता के पीछे उनकी कर्मनिष्ठा, अतुलप्रज्ञा और दृढ़ प्रतिज्ञा जैसे गुण थे। वे आज भी मेधा, त्याग, तेजस्विता, दृढ़ता, साहस एवं पुरुषार्थ के प्रतीक हैं। उनके अर्थशास्त्र और राजनीतिशास्त्र के सिद्धांत अर्वाचीन काल में भी उतने ही उपयुक्त हैं। चाणक्य-नीतिदर्पण ग्रंथ में, आचार्य ने अपने पूर्वजों द्वारा सँभाली धरोहर का और अन्य वैदिक ग्रंथों का अध्ययन कर, सूत्रों एवं श्लोकों का संकलन किया है।

आज से करीब 2300 साल पहले पैदा हुए चाणक्य भारतीय राजनीति और अर्थशास्त्र के पहले विचारक माने जाते हैं। ज्ञान के केंद्र तक्षशिला विश्वविद्यालय में आचार्य रहे चाणक्य राजनीति के चतुर खिलाड़ी थे और इसी कारण उनकी नीति कोरे आदर्शवाद पर नहीं, बल्कि व्यावहारिक ज्ञान पर टिकी है।

'अर्थशास्त्र' की रचना 'शासन-विधि' के रूप में प्रथम मौर्य सम्राट्

चंद्रगुप्त के लिए की गई। अतः इसकी रचना का काल वही मानना उचित है, जो सम्राट् चंद्रगुप्त का काल है। पुरातत्त्ववेत्ता विद्वानों ने यह काल 321 ईसा पूर्व से 296 ईसा पूर्व तक निश्चित किया है। कई अन्य विद्वान् सम्राट् सेंड्राकोटस (जो यूनानी इतिहास में सम्राट् चंद्रगुप्त का पर्यायवाची है) के आधार पर निश्चित की हुई इस तिथि को स्वीकार नहीं करते। इस 'अर्थशास्त्र' का विषय क्या है? जैसे ऊपर कहा गया है, इसका मुख्य विषय शासन-विधि अथवा शासन-विज्ञान है।

यह सर्वथा प्रमाणित हो जाता है कि इसे आजकल कहे जानेवाले अर्थशास्त्र (इकोनामिक्स) की पुस्तक कहना भूल है। प्रथम अधिकरण के प्रारंभ में ही स्वयं आचार्य ने इसे दंडनीति नाम से सूचित किया। शुक्राचार्य ने दंडनीति को इतनी महत्त्वपूर्ण विद्या बतलाया है कि इसमें अन्य सब विद्याओं का अंतर्भाव मान लिया है—क्योंकि 'शस्त्रेण रक्षिते देशे शास्त्रचिन्ता प्रवर्तते' की उक्ति के अनुसार शस्त्र (दंड) द्वारा सुशासित तथा सुरक्षित देश में ही वेद आदि अन्य शास्त्रों की चिंता या अनुशीलन हो सकता है। अतः दंडनीति को अन्य सब विद्याओं की आधारभूत विद्या के रूप में स्वीकार करना आवश्यक है और वही दंडनीति अर्थशास्त्र है।

जिसे आजकल अर्थशास्त्र कहा जाता है, उसके लिए 'वार्त्ता' शब्द का प्रयोग किया गया है, यद्यपि यह शब्द पूर्णतया अर्थशास्त्र का द्योतक नहीं। कौटिल्य ने वार्त्ता के तीन अंग कहे हैं—कृषि, वाणिज्य तथा पशुपालन, जिनसे प्रायः वृत्ति या जीविका का उपार्जन किया जाता था। मनु, याज्ञवल्क्य आदि शास्त्रकारों ने भी इन तीन अंगोंवाले वार्त्ताशास्त्र को स्वीकार किया है। पीछे शुक्राचार्य ने इस वार्त्ता में कुसीद (बैंकिंग) को भी वृत्ति के साधन-रूप में सम्मिलित कर दिया, परंतु अर्थशास्त्र को सभी शास्त्रकारों ने दंडनीति, राजनीति अथवा शासनविज्ञान के रूप में ही वर्णित किया है। अतः 'कौटिल्य अर्थशास्त्र' को राजनीति की पुस्तक समझना ही ठीक होगा न कि संपत्तिशास्त्र की पुस्तक। वैसे इसमें कहीं-कहीं संपत्तिशास्त्र के धनोत्पादन, धनोपभोग तथा धन-विनिमय, धन-विभाजन आदि विषयों की भी प्रासंगिक चर्चा की गई है।

प्राचीन आचार्यों ने पृथ्वी जीतने और पालन के उपाय बतानेवाले जितने अर्थशास्त्र लिखे हैं, प्राय: उन सबका सार लेकर इस एक अर्थशास्त्र का निर्माण किया गया है। 'कौटिल्य अर्थशास्त्र' से पूर्व अनेक आचार्यों ने अर्थशास्त्र की रचनाएँ कीं, जिनका उद्देश्य पृथ्वी-विजय तथा उसके पालन के उपायों का प्रतिपादन करना था। उन आचार्यों तथा उनके संप्रदायों के कुछ नामों का निर्देशन 'कौटिल्य अर्थशास्त्र' में किया गया है, यद्यपि उनकी कृतियाँ आज उपलब्ध भी नहीं होतीं। ये नाम निम्नलिखित हैं—

(1) मानव, मनु के अनुयायी, (2) बार्हस्पत्य, बृहस्पति के अनुगामी, (3) औशनस, उशना अथवा शुक्राचार्य के मतानुयायी, (4) भारद्वाज (द्रोणाचार्य), (5) विशालाक्ष, (6) पराशर, (7) पिशुन (नारद), (8) कौणपदंत (भीष्म), (9) वाताव्याधि (उद्धव) और (10) बाहुदंती-पुत्र (इंद्र)।

अर्थशास्त्र के इन दस संप्रदायों के आचार्यों में प्राय: सभी के संबंध में कुछ-न-कुछ ज्ञात है, परंतु विशालाक्ष के बारे में बहुत कम परिचय प्राप्त होता है। इन नामों से यह तो अत्यंत स्पष्ट है कि अर्थशास्त्र नीतिशास्त्र के प्रति अनेक महान् विचारकों तथा दार्शनिकों का ध्यान गया और इस विषय पर एक उज्ज्वल साहित्य का निर्माण हुआ। आज वह साहित्य लुप्त हो चुका है। अनेक विदेशी आक्रमणों तथा राज्यक्रांतियों के कारण इस साहित्य का नाममात्र शेष रह गया है, परंतु जितना भी साहित्य अवशिष्ट है वह एक विस्तृत अर्थशास्त्रीय परंपरा की ओर संकेत करता है।

'कौटिल्य अर्थशास्त्र' में इन पूर्वाचार्यों के विभिन्न मतों का स्थान-स्थान पर संग्रह किया गया है और उनके शासन-संबंधी सिद्धांतों का विश्लेषणात्मक विवेचन किया गया है। इस अर्थशास्त्र में एक ऐसी शासन-पद्धति का विधान किया गया है जिसमें राजा या शासक प्रजा का कल्याण संपादन करने के लिए शासन करता है। राजा स्वेच्छाचारी होकर शासन नहीं कर सकता। उसे मंत्रिपरिषद् की सहायता प्राप्त करके ही प्रजा पर शासन करना होता है। राज्य-पुरोहित राजा पर अंकुश के समान है, जो धर्म-मार्ग से च्युत होने पर राजा का नियंत्रण कर सकता है और उसे कर्तव्य-पालन के

लिए विवश कर सकता है। सर्वलोकहितकारी राष्ट्र का जो स्वरूप कौटिल्य को अभिप्रेत है, वह 'अर्थशास्त्र' के निम्नलिखित वचन से स्पष्ट है—

प्रजा के सुख में राजा का सुख है, प्रजा के हित में उसका हित है। राजा का अपना प्रिय (स्वार्थ) कुछ नहीं है, प्रजा का प्रिय ही उसका प्रिय है। आगे दी जा रही कुछ बातों में भी उनकी इसी विशेषता के दर्शन होते हैं। उनका यहाँ वर्णन समीचीन होगा। यथा—

किसी भी व्यक्ति को जरूरत से ज्यादा ईमानदार नहीं होना चाहिए। सीधे तनेवाले पेड़ ही सबसे काटे जाते हैं और बहुत ज्यादा ईमानदार लोगों को ही सबसे ज्यादा कष्ट उठाने पड़ते हैं।

अगर कोई साँप जहरीला नहीं है, तब भी उसे फुफकारना नहीं छोड़ना चाहिए। उसी तरह से कमजोर व्यक्ति को भी हर वक्त अपनी कमजोरी का प्रदर्शन नहीं करना चाहिए।

सबसे बड़ा गुरुमंत्र है, कभी भी अपने रहस्यों को किसी के साथ साझा मत करो, यह प्रवृत्ति तुम्हें बरबाद कर देगी। हर मित्रता के पीछे कुछ स्वार्थ जरूर छिपा होता है। दुनिया में ऐसी कोई दोस्ती नहीं जिसके पीछे लोगों के अपने हित न छिपे हों, यह कटु सत्य है, लेकिन यही सत्य है।

अपने बच्चे को पहले पाँच साल दुलार के साथ पालना चाहिए। अगले पाँच साल उसे डाँट-फटकार के साथ निगरानी में रखना चाहिए। लेकिन जब बच्चा सोलह साल का हो जाए, तो उसके साथ दोस्त की तरह व्यवहार करना चाहिए। बड़े बच्चे आपके सबसे अच्छे दोस्त होते हैं।

दिल में प्यार रखनेवाले लोगों को दु:ख ही झेलने पड़ते हैं। दिल में प्यार पनपने पर बहुत सुख महसूस होता है, मगर इस सुख के साथ एक डर भी अंदर-ही-अंदर पनपने लगता है, खोने का डर, अधिकार कम होने का डर आदि-आदि। मगर दिल में प्यार पनपे नहीं, ऐसा तो हो नहीं सकता। तो प्यार पनपे मगर कुछ समझदारी के साथ। संक्षेप में कहें तो प्रीति में चालाकी रखनेवाले ही अंततः सुखी रहते हैं।

ऐसा पैसा जो बहुत तकलीफ के बाद मिले, अपना धर्म-ईमान छोड़ने

पर मिले या दुश्मनों की चापलूसी से, उनकी सत्ता स्वीकारने से मिले, उसे स्वीकार नहीं करना चाहिए।

नीच प्रवृत्ति के लोग दूसरों के दिलों को चोट पहुँचानेवाली, उनके विश्वासों को छलनी करनेवाली बातें करते हैं, दूसरों की बुराई कर खुश हो जाते हैं। मगर ऐसे लोग अपनी बड़ी-बड़ी और झूठी बातों के बुने जाल में खुद भी फँस जाते हैं। जिस तरह से रेत के टीले को अपनी बाँबी समझकर साँप घुस जाता है और दम घुटने से उसकी मौत हो जाती है, उसी तरह से ऐसे लोग भी अपनी बुराइयों के बोझ तले मर जाते हैं।

जो बीत गया, सो बीत गया। अपने हाथ से कोई गलत काम हो गया हो तो उसकी फिक्र छोड़ते हुए वर्तमान को सलीके से जीकर भविष्य को सँवारना चाहिए। असंभव शब्द का इस्तेमाल बुजदिल करते हैं। बहादुर और बुद्धिमान व्यक्ति अपना रास्ता खुद बनाते हैं।

संकट काल के लिए धन बचाएँ। परिवार पर संकट आए तो धन कुरबान कर दें। लेकिन अपनी आत्मा की हिफाजत हमें अपने परिवार और धन को भी दाँव पर लगाकर करनी चाहिए।

भाई-बंधुओं की परख संकट के समय और अपनी स्त्री की परख धन के नष्ट हो जाने पर ही होती है। चाणक्य के अनुसार ये सात जब भी सोते हुए दिखाई दें तो इन्हें तुरंत उठा देना चाहिए। ये सात लोग इस प्रकार हैं— द्वारपाल, नौकर, राहगीर, भूखा व्यक्ति, भंडारी, विद्यार्थी और डरे हुए व्यक्ति को नींद में से तुरंत जगा देना चाहिए।

चाणक्य ने बताया है कि किसी भी कार्य की शुरुआत से पहले हमें खुद से तीन सवाल पूछने चाहिए। ये तीन सवाल ही लक्ष्य प्राप्ति में आ रही बाधाओं को पार करने में मददगार साबित होंगे। इसके साथ ही ये कार्य की सफलता भी सुनिश्चित करेंगे। ये तीन प्रश्न हैं—

मैं ये क्यों कर रहा हूँ? मेरे द्वारा किए जा रहे इस कार्य के परिणाम क्या-क्या हो सकते हैं? मैं जो कार्य प्रारंभ करने जा रहा हूँ, क्या मैं सफल हो सकूँगा?

आचार्य चाणक्य कहते हैं कि जिस धर्म में दया का उपदेश न हो, उस धर्म को छोड़ देना चाहिए। जो गुरु ज्ञानहीन हो उसे त्याग देना चाहिए। यदि पत्नी हमेशा क्रोधित ही रहती है, तो उसे छोड़ देना चाहिए और जो भाई-बहन स्नेहहीन हों, उन्हें भी त्याग देना चाहिए।

जीवन में सफलताएँ प्राप्त करने के लिए कई बातों का ध्यान रखना अनिवार्य है। इस संबंध में आचार्य चाणक्य द्वारा कई सटीक सूत्र बताए गए हैं। इन्हीं में से एक सूत्र ये है—सर्प, राजा, शेर, डंक मारनेवाले जीव, छोटे बच्चे, दूसरों के कुत्ते और मूर्ख, इन सातों को नींद से नहीं जगाना चाहिए। ये सो रहे हों तो इन्हें इसी अवस्था में रहने देना लाभदायक है।

शारीरिक बीमारियों का उपचार उचित दवाइयों से किया जा सकता है, लेकिन मानसिक या वैचारिक बीमारियों का उपचार किसी दवाई से होना संभव नहीं है। इस संबंध में आचार्य चाणक्य ने सबसे बुरी बीमारी बताई है—लोभ। लोभ यानी लालच। जिस व्यक्ति के मन में लालच जाग जाता है वह निश्चित ही पतन की ओर भागने लगता है। लालच एक ऐसी बीमारी है जिसका इलाज आसानी से नहीं हो पाता। इसी वजह से आचार्य ने इसे सबसे बड़ी बीमारी बताया है।

आचार्य चाणक्य कहते हैं कि समझदार मनुष्य वही है जो विवाह के लिए नारी की बाहरी सुंदरता न देखते हुए मन की सुंदरता देखे। यदि कोई उच्च कुल या श्रेष्ठ परिवार की कुरूप कन्या संस्कारी हो तो उससे विवाह कर लेना चाहिए, जबकि कोई सुंदर कन्या यदि संस्कारी न हो, अधार्मिक हो, नीच कुल की हो, जिसका चरित्र ठीक न हो तो उससे किसी भी परिस्थिति में विवाह नहीं करना चाहिए। विवाह हमेशा समान कुल में शुभ रहता है।

आचार्य चाणक्य कहते हैं कि भगवान् मूर्तियों या मंदिरों में नहीं है। भगवान् हमारी अनुभूति में ही विराजमान है। हमारी आत्मा ही भगवान् का मंदिर है। सभी के शरीर में आत्मारूपी मंदिर में अनुभूतिरूपी भगवान् विराजित रहते हैं। बस इनसान इन्हें महसूस नहीं कर पाता और दुनिया भर में खोजता रहता है, जबकि भगवान् हमारे अंदर ही मौजूद हैं।

जिस प्रकार सभी पर्वतों पर मणि नहीं मिलती, सभी हाथियों के मस्तक में मोती उत्पन्न नहीं होता, सभी वनों में चंदन का वृक्ष नहीं होता, उसी प्रकार सज्जन पुरुष सभी जगहों पर नहीं मिलते हैं।

जो मित्र आपके सामने चिकनी-चुपड़ी बातें करता हो और पीठ पीछे आपके कार्य को बिगाड़ देता हो, उसे त्याग देने में ही भलाई है। चाणक्य कहते हैं कि निरक्षर व्यक्ति का जीवन उसी प्रकार बेकार है जैसे कि कुत्ते की पूँछ, जो न उसका पिछला भाग ढकती है, न ही उसे कीड़े-मकोड़ों के डंक से बचाती है।

मनुष्य अकेले पैदा होता है और अकेले मर जाता है और वह अपने अच्छे और बुरे कर्मों का फल भी स्वयं ही भोगता है और वह अकेले ही नरक या स्वर्ग जाता है। अगर साँप जहरीला न भी हो तो उसे स्वयं को जहरीला दिखाना चाहिए। इस बात को प्रकट नहीं होने दें कि आपने क्या करने के लिए सोच रखा है, बुद्धिमानी से इसे राज बनाए रखिए और उस काम को करने के लिए प्रतिबद्ध रहिए।

सुपुत्र उस चंद्रमा के समान है, जो अपने अकेले के दम से गहन काली रात में भी उजाला कर देता है, इसके विपरीत कुपुत्र उस सूखे वृक्ष के समान है जो स्वयं तो जलता ही है, सारे वन को भी जलाकर खाक कर देता है।

प्रवासकाल में विद्या (ज्ञान) मित्र होती है, गृहस्थ जीवन में पत्नी, रोगी के लिए औषधि और मृत्यु के बाद धर्म ही मनुष्य का परम मित्र होता है। सुख की कामना करनेवाले को विद्या त्याग देनी चाहिए, क्योंकि सुख चाहनेवालों को विद्या नहीं मिला करती और विद्या चाहनेवालों को सुख नहीं मिला करता।

आचार्य चाणक्य का मानना है कि मानव सदा से ही प्रकृति-पुत्र रहा है, अगर मनुष्य प्राकृतिक जीवन व्यतीत करता है, तो ज्यादा सुखी रहता है। आचार्य चाणक्य ने पशु-पक्षियों से सीख लेने की मानव को सलाह दी है। उन्होंने शेर से एक, बगुले से एक, मुरगे से चार, कौए से पाँच, कुत्ते से चार बातों की शिक्षा लेने को कहा है—

शेर अपना कार्य पूरी शक्ति से संपन्न किया करता है। बगुले में मन की

एकाग्रता हुआ करती है। मुरगे से जागना, लड़ना, भागना और स्वयं झपटकर खाना सीखा जा सकता है। कौवा हमेशा छिपकर सहवास करता है। वह किसी पर विश्वास नहीं करता, उसमें संग्रह की प्रवृत्ति होती है, वह हर समय सावधान रहता है, संकट पड़ने पर वह अपने साथियों को एकत्रित कर लेता है। कुत्ता थोड़े में ही संतोष कर लेता है, गहरी नींद में भी वह सतर्क रहता है, वह वीर और स्वामिभक्त होता है।

आचार्य चाणक्य कहते हैं कि जो भी व्यक्ति धन से संबंधित कार्यों में शर्म करता है उसे धन की हानि का सामना करना पड़ता है। यदि किसी व्यक्ति से हमें उधार दिया गया पैसा वापस लेना है और हम शर्म के कारण उससे पैसा माँग नहीं रहे हैं तो यह निश्चित है कि धन की हानि होगी। अतः कभी भी धन से संबंधित कार्यों में शर्म नहीं करनी चाहिए। धन के साथ अन्य किसी वस्तु के लेन-देन में भी शर्म नहीं करनी चाहिए।

इसी प्रकार यदि कोई व्यक्ति भोजन करने में शर्म करता है तो वह भूखा ही रह जाएगा। यदि कोई व्यक्ति किसी रिश्तेदार या मित्र के यहाँ भोजन करता है और वहाँ शर्म के कारण पेट भर खाना नहीं खाता है तो उसे भूखा रहना पड़ता है। हम जहाँ भी खाना खाएँ, पेट भर खाएँ, खाने में कभी भी शर्म नहीं करनी चाहिए।

आचार्य कहते हैं कि अच्छा विद्यार्थी वही है जो बिना शर्म किए अपने गुरु से सभी जिज्ञासाओं का उत्तर प्राप्त करता है। शिक्षा प्राप्त करने में जो व्यक्ति शर्म करता है वह अज्ञानी ही रह जाता है। विद्यार्थी को पढ़ाई करते समय शर्म न करते हुए सभी प्रश्नों के उत्तर गुरु से प्राप्त कर लेने चाहिए, जिससे भविष्य में किसी विषय में अज्ञानी होने की स्थिति से बचा जा सके।

बुद्धिमान और मूर्ख व्यक्ति के संबंध में एक अन्य नीति में आचार्य चाणक्य ने कहा है कि किसी मूर्ख व्यक्ति के लिए किताबें उतनी ही अनुपयोगी हैं जितना कि एक अंधे व्यक्ति के लिए आईना। कोई भी अंधा व्यक्ति जब कुछ देख ही नहीं सकता तो उसके लिए आईना किसी भी प्रकार से उपयोगी नहीं हो सकता। ठीक इसी प्रकार किसी भी मूर्ख व्यक्ति के लिए किताबें या

ज्ञान की बातें भी फिजूल ही हैं, क्योंकि मूर्ख व्यक्ति ज्ञान की बातों पर भी तर्क-वितर्क करते हैं और उन्हें समझ नहीं पाते।

आचार्य चाणक्य के अनुसार मूर्ख व्यक्ति अकसर कुतर्क में ही समय नष्ट करते रहते हैं, जबकि बुद्धिमान व्यक्ति ज्ञान को ग्रहण कर उसे अपने जीवन में उतार लेते हैं। ऐसे में बुद्धिमान लोग तो जीवन में कुछ उल्लेखनीय कार्य कर लेते हैं, लेकिन मूर्ख व्यक्ति का जीवन कुतर्क करने में ही निकल जाता है। मूर्ख व्यक्ति को कोई भी समझा नहीं सकता है, अतः बेहतर यही होता है कि उनसे बहस न की जाए, न ही उन्हें समझाने का प्रयास किया जाए।

किसी भी मूर्ख व्यक्ति के सामने ज्ञान की किताबों का ढेर लगा देने से भी वह उनसे कुछ भी ग्रहण नहीं कर पाएगा। उनके लिए किताबें मूल्यहीन ही हैं और किताबों में लिखी ज्ञान की बातें फिजूल हैं। अतः किसी भी मूर्ख व्यक्ति को समझाने में अपना समय व्यर्थ नहीं करना चाहिए।

शिक्षा सबसे अच्छी मित्र है। एक शिक्षित व्यक्ति सभी जगह सम्मान पाता है। ज्योंही किसी प्रकार का भय आपके पास आए, त्योंही उस पर हमला कर उसे नष्ट कर दो। एक उत्कृष्ट बात जो शेर से सीखी जा सकती है वह यह कि एक मनुष्य जो कुछ भी करना चाहता है उसे पूरे मन और जोरदार प्रयास के साथ करना चाहिए।

दूसरों की गलतियों से सीखो, अपने ही ऊपर प्रयोग करके सीखने के लिए तुम्हारी आयु कम पड़ेगी। शिक्षा और अध्ययन की महत्ता बताते हुए चाणक्य कहते हैं कि मनुष्य का जन्म बहुत सौभाग्य से होता है, इसलिए हमें अपने अधिकाधिक समय का वेदादि शास्त्रों के अध्ययन में तथा दान जैसे अच्छे कार्यों में ही सदुपयोग करना चाहिए।

□

14

विभिन्न ग्रंथों में चाणक्य-चर्चा

एक उत्कृष्ट बात जो शेर से सीखी जा सकती है वह यह है कि व्यक्ति जो कुछ भी करना चाहता है उसे पूरे दिल और जोरदार प्रयास के साथ करे।

—आचार्य चाणक्य

विष्णुपुराण में भी चाणक्य के कालखंड का वर्णन आया है, जो इस प्रकार है—

महापद्मनंद नाम का एक राजा था। उसके नौ पुत्रों ने सौ वर्षों तक राज्य किया। उन नंदों को कौटिल्य नाम के ब्राह्मण ने मार दिया। उनकी मृत्यु के बाद मौर्यों ने पृथ्वी पर राज्य किया और कौटिल्य ने स्वयं प्रथम चंद्रगुप्त का राज्याभिषेक किया। चंद्रगुप्त का पुत्र बिंदुसार हुआ और बिंदुसार का पुत्र अशोकवर्धन हुआ।

'नीतिसार' के रचनाकर्ता कामंदक ने लिखा है—

इंद्र के समान शक्तिशाली आचार्य विष्णुगुप्त ने अकेले ही वज्र-सदृश अपनी मंत्र-शक्ति द्वारा पर्वत-तुल्य महाराज नंद का नाश कर दिया और उसके स्थान पर मनुष्यों में चंद्रमा के समान चंद्रगुप्त को पृथ्वी के शासन पर

अधिष्ठित किया।

उत्तरकालीन दंडी कवि ने उन्हें आचार्य विष्णुगुप्त नाम से, तो बाणभट्ट ने कौटिल्य नाम से पुकारा। दोनों का कथन है कि इस आचार्य ने 'दंडनीति' अथवा 'अर्थशास्त्र' की रचना की।

पंचतंत्र में उन्हें आचार्य चाणक्य नाम दिया गया, जो अर्थशास्त्र के रचयिता हैं। कवि विशाखदत्त-प्रणीत सुप्रसिद्ध नाटक 'मुद्राराक्षस' में चाणक्य को कभी कौटिल्य तथा कभी विष्णुगुप्त नाम से संबोधित किया गया है। विशाखदत्त लिखते हैं कि अंतिम महाराज नंद (योगानंद) ने अपने मंत्री शकटार को श्राद्ध के लिए ब्राह्मणों को एकत्र करने के लिए कहा। शकटार राजा द्वारा पूर्व में किए गए किसी अपमान से पीड़ित था। उसने एक ऐसे क्रोधी ब्राह्मण को ढूँढ़ना शुरू किया, जो श्राद्ध में उपस्थित होकर राजा को अपने ब्रह्मतेज से भस्म कर दे। खोज करते हुए उसने एक कुरूप, कृष्णकाय ब्राह्मण को देखा, जो किसी जंगल में काँटेदार झाड़ियों को काट रहा था और उनकी जड़ों में खट्टा दही डाल रहा था।

शकटार द्वारा इसका कारण पूछे जाने पर उस ब्राह्मण ने कहा, "इन झाड़ियों के काँटों के चुभने से मेरे पिता का देहांत हुआ, अत: मैं इन्हें समूचा नष्ट कर रहा हूँ।"

इस क्रोधी ब्राह्मण को शकटार ने उपयुक्त, निमंत्रण-योग्य ब्राह्मण जाना और उससे महाराज नंद द्वारा आयोजित ब्रह्मभोज में उपस्थित होने की प्रार्थना की। ब्राह्मण ने इस निमंत्रण को सहर्ष स्वीकार कर लिया। नियत समय पर जब वह ब्राह्मण ब्रह्मभोज के लिए उपस्थित हुआ, मंत्री शकटार ने आदरपूर्वक उसे सर्वप्रथम आसन पर विराजमान किया। ब्रह्मभोज आरंभ होने पर जब महाराज नंद ब्राह्मणों का दर्शन करने के लिए आए तो सर्वप्रथम एक कुरूप, कृष्णकाय, भीषण व्यक्ति को देखकर अति क्रुद्ध होकर कहने लगे, "इस चांडाल को ब्रह्मभोज में क्यों लाया गया है?"

ब्राह्मण इस अपमान को सहन न कर सका और उसने भोजन छोड़कर तत्काल अपनी शिखा खोलते हुए यह प्रतिज्ञा की, "जब तक मैं नंदवंश को

समूल नष्ट करके अपने इस अपमान का बदला नहीं ले लूँगा, तब तक मैं शिखा-बंधन न करूँगा।'' ऐसी गर्जना करता हुआ वह ब्राह्मण ब्रह्मभोज से उठकर चला गया। शकटार अपनी इच्छा को पूर्ण होता हुआ देखकर अति प्रसन्न हुआ।

इसी ब्राह्मण ने, जो चाणक्य था, अपनी मंत्रशक्ति द्वारा अकेले ही नंद राजाओं का नाश किया और मौर्य चंद्रगुप्त को, जो स्वयं अपने पिता नंद द्वारा अपमानित होकर राज्य पर अधिकार करने की चिंता में था, भारतवर्ष के प्रथम सम्राट् के रूप में प्रतिष्ठित किया। भारत उस समय जनपदों में बँटा हुआ था, जिन पर छोटे-छोटे राजा लोग शासन करते थे। चाणक्य ने उन सबको मौर्य चंद्रगुप्त के अधीन किया और पहली बार भारत को एक साम्राज्य में संगठित किया। इसी साम्राज्य को चंद्रगुप्त के पौत्र सम्राट् अशोक ने धर्म-विजयों द्वारा अफगानिस्तान से दक्षिण तक और बंगाल से काठियावाड़ तक विस्तृत किया। इन्हीं मौर्य सम्राटों द्वारा वस्तुतः भारत का एक राष्ट्र सवरूप सर्वप्रथम विकसित हुआ, जिसका मूल श्रेय उसी नीति-विशारद, कूटनीतिज्ञ, दूरद्रष्टा ब्राह्मण को है, जिसे कौटिल्य, चाणक्य या विष्णुगुप्त नामों से पुकारा गया है।

□

15

चाणक्य की कुटिया

अपमानित होकर जीने से अच्छा तो मरना है। मृत्यु तो बस एक क्षण का दुःख देती है, लेकिन अपमान हर दिन जीवन में दुःख लाता है।

—आचार्य चाणक्य

पाटलिपुत्र के अमात्य आचार्य चाणक्य बहुत विद्वान् न्यायप्रिय होने के साथ एक सीधे-सादे ईमानदार सज्जन व्यक्ति भी थे। वे इतने बड़े साम्राज्य के महामंत्री होने के बावजूद छप्पर से ढकी कुटिया में रहते थे। एक आम आदमी की तरह उनका रहन-सहन था। एक बार यूनान का राजदूत उनसे मिलने राजदरबार में पहुँचा। राजनीति और कूटनय में दक्ष चाणक्य की चर्चा सुनकर राजदूत मंत्रमुग्ध हो गया। राजदूत ने शाम को चाणक्य से मिलने का समय माँगा।

आचार्य ने कहा, ''आप रात को मेरे घर आ सकते हैं।'' राजदूत चाणक्य के व्यवहार से प्रसन्न हुआ। शाम को जब वह राजमहल परिसर में 'आमात्य निवास' के बारे में पूछने लगा तो राजप्रहरी ने बताया, ''आचार्य चाणक्य तो नगर के बाहर रहते हैं।''

राजदूत ने सोचा शायद महामंत्री का नगर के बाहर सरोवर पर बना सुंदर महल होगा। राजदूत नगर के बाहर पहुँचा। एक नागरिक से पूछा कि चाणक्य कहाँ रहते हैं। एक कुटिया की ओर इशारा करते हुए नागरिक ने कहा, ''देखिए, वह सामने महामंत्री की कुटिया है।''

राजदूत आश्चर्यचकित रह गया। उसने कुटिया में पहुँचकर चाणक्य के पाँव छुए और शिकायत की, ''आप जैसा चतुर महामंत्री एक कुटिया में रहता है।''

चाणक्य ने कहा, ''अगर मैं जनता की कड़ी मेहनत और पसीने की कमाई से बने महलों में रहूँगा तो मेरे देश के नागरिक को कुटिया भी नसीब नहीं होगी।'' चाणक्य की ईमानदारी पर यूनान का राजदूत नतमस्तक हो गया।

चाणक्य की सीख

जैसा कि पूर्व में बताया गया है, चाणक्य जंगल में एक झोंपड़ी में रहते थे। वहाँ अनेक लोग उनसे परामर्श और ज्ञान प्राप्त करने के लिए आते थे। जिस जंगल में वे रहते थे, वह पत्थरों और कँटीली झाड़ियों से भरा था। चूँकि उस समय प्रायः नंगे पैर रहने का ही चलन था, इसलिए उनके निवास तक पहुँचने में लोगों को अनेक कष्टों का सामना करना पड़ता था। वहाँ पहुँचते-पहुँचते लोगों के पाँव लहूलुहान हो जाते थे। एक दिन कुछ लोग उस मार्ग से बेहद परेशानियों का सामना कर चाणक्य तक पहुँचे। एक व्यक्ति उनसे निवेदन करते हुए बोला, ''आपके पास पहुँचने में हम लोगों को बहुत कष्ट हुआ। आप महाराज से कहकर यहाँ की जमीन को चमड़े से ढकवाने की व्यवस्था करा दें। इससे लोगों को आराम होगा।''

उसकी बात सुनकर चाणक्य मुसकराते हुए बोले, ''महाशय, केवल यहीं चमड़ा बिछाने से समस्या हल नहीं होगी। कँटीले व पथरीले पथ तो इस विश्व में अनगिनत हैं। ऐसे में पूरे विश्व में चमड़ा बिछवाना तो असंभव है। हाँ, यदि आप लोग चमड़े द्वारा अपने पैरों को सुरक्षित कर लें तो अवश्य ही पथरीले पथ व कँटीली झाड़ियों के प्रकोप से बच सकते हैं।''

वह व्यक्ति सिर झुकाकर बोला, "हाँ गुरुजी, मैं अब ऐसा ही करूँगा।"

इसके बाद चाणक्य बोले, "देखो, मेरी इस बात के पीछे भी गहरा सार है। दूसरों को सुधारने के बजाय खुद को सुधारो। इससे तुम अपने कार्य में विजय अवश्य हासिल कर लोगे। दुनिया को नसीहत देनेवाला कुछ नहीं कर पाता, जबकि उसका स्वयं पालन करनेवाला कामयाबी की बुलंदियों तक पहुँच जाता है।" इस बात से सभी सहमत हो गए।

माँ का आशीर्वाद

एक बार की बात है। पंद्रहवर्षीय बालक चाणक्य अपनी माँ के पास बैठे थे। माँ ने अपने एकमात्र लाड़ले पुत्र की ओर देखकर कहा, "बेटा, हम बहुत गरीब हैं, तेरे पिता ने अत्यंत गरीबी में रहकर अपने दिन काटे हैं, तू ही अपने पिता और मेरी भावी आशाओं का केंद्र है। मैं चाहती हूँ कि तू अपने समय का एक आदर्श महापुरुष बने, इसलिए मैं नित्य नील सरस्वती की उपासना करती हूँ।"

अपनी माँ के प्रेरक वचन सुनकर विष्णु शर्मा (चाणक्य) ने अत्यंत श्रद्धा से उनकी ओर देखा और उन्हें लगा कि उनके सामने साक्षात् नील सरस्वती ही खड़ी हैं।

बालक चाणक्य ने कहा, "मेरे लिए तो आप ही साक्षात् नील सरस्वती हैं। मैं आपके तथा पिताजी के विश्वास को झुठलाऊँगा नहीं।"

एक दिन एक ऐसी घटना घटी, जिसके कारण चाणक्य की माँ अत्यंत उदास हो गई। एक ज्योतिषी उनके घर पधारे और अपने पुत्र के भविष्य के प्रति आश्वस्त होने के लिए चाणक्य की माँ ने अपने पुत्र की जन्मपत्री उन्हें दिखलाई। जन्मपत्री देखकर ज्योतिषी ने बताया कि उसने आज तक ऐसी विलक्षण जन्मपत्री नहीं देखी। इस बालक की जन्मपत्री में तो ग्रहों का ऐसा योग पड़ा है कि वह आगे चलकर यशस्वी चक्रवर्ती सम्राट् बनेगा। यह भविष्यवाणी मिथ्या नहीं हो सकती। यदि इस कथन की सत्यता की जाँच करनी हो तो अपने पुत्र के सामने के दाँत को गौर से देखना, उस पर नागराज

का चिह्न अंकित होगा।

प्रसन्न होने के स्थान पर माँ चिंतित हो गई और सोचने लगी कि चक्रवर्ती सम्राट् बन उनका पुत्र उन्हें व्यस्त होने के कारण समय नहीं दे पाएगा और पुत्र- वियोग की चिंता में उनकी आँखों में आँसू आ गए। उसी समय चाणक्य लौट आए और माँ की आँखों में आँसू देखकर कारण पूछा। बहुत हठ करने पर माँ ने अपने मन की शंका को बालक चाणक्य के सामने प्रकट किया।

चाणक्य ने दर्पण में जाकर अपने दाँत को देखा, वास्तव में वहाँ नागराज का चिह्न अंकित था। चाणक्य ने बिना किसी विलंब के एक पत्थर उठाया और एक ही प्रहार से उस दाँत को तोड़ दिया। बालक चाणक्य ने रक्तसना दाँत उठाकर माँ के चरणों में रख दिया और कहा, ''माँ, अब नागराज चिह्न अंकित दाँत ही नहीं रहा तो मेरे चक्रवर्ती सम्राट् बनने का प्रश्न ही नहीं। मुझे तो मेरी माता का वात्सल्य ही चाहिए।'' माँ ने अपने पुत्र को सीने से लगा लिया।

नागराज के चिह्नवाला दाँत टूट जाने से विष्णुगुप्त चाणक्य चक्रवर्ती सम्राट् तो नहीं बन सके, पर अपनी माँ के आशीर्वाद से चक्रवर्ती सम्राट्-निर्माता अवश्य बन गए और उनके नीतिशास्त्र पर अनेकानेक चक्रवर्ती सम्राट् निछावर हो गए।

त्रिगुण परीक्षण

एक दिन चाणक्य का एक परिचित उनके पास आया और उत्साह से कहने लगा, ''आप जानते हैं, अभी-अभी मैंने आपके मित्र के बारे में क्या सुना है?''

चाणक्य अपनी तर्क-शक्ति, ज्ञान और व्यवहार-कुशलता के लिए विख्यात थे। उन्होंने अपने परिचित से कहा, ''आपकी बात मैं सुनूँ, इसके पहले मैं चाहूँगा कि आप त्रिगुण परीक्षण से गुजरें।''

उस परिचित ने पूछा, ''यह त्रिगुण परीक्षण क्या है?''

चाणक्य ने समझाया, ''आप मुझे मेरे मित्र के बारे में बताएँ, इससे पहले अच्छा यह होगा कि जो कहें, उसे थोड़ा परख लें, थोड़ा छान लें।

इसीलिए मैं इस प्रक्रिया को त्रिगुण परीक्षण कहता हूँ। इसकी पहली कसौटी है सत्य। इस कसौटी के अनुसार जानना जरूरी है कि जो आप कहनेवाले हैं, वह सत्य है। आप खुद उसके बारे में अच्छी तरह जानते हैं?''

''नहीं,'' वह आदमी बोला, ''वास्तव में मैंने इसे कहीं सुना था। खुद देखा या अनुभव नहीं किया था।''

''ठीक है,'' चाणक्य ने कहा, ''आपको पता नहीं है कि यह बात सत्य है या असत्य। दूसरी कसौटी है, ''अच्छाई। क्या आप मुझे मेरे मित्र की कोई अच्छाई बतानेवाले हैं?''

''नहीं,'' उस व्यक्ति ने कहा।

इस पर चाणक्य बोले, ''जो आप कहनेवाले हैं, वह न तो सत्य है, न ही अच्छा। चलिए, तीसरा परीक्षण कर ही डालते हैं। तीसरी कसौटी है उपयोगिता। जो आप कहनेवाले हैं, क्या वह मेरे लिए उपयोगी है?''

''नहीं, ऐसा तो नहीं है।''

सुनकर चाणक्य ने आखिरी बात कह दी, ''आप मुझे जो बतानेवाले हैं, वह न सत्य है, न अच्छा और न ही उपयोगी, फिर आप मुझे बताना क्यों चाहते हैं?''

□

16

चाणक्य—सार संक्षेप

इस बात को व्यक्त मत होने दीजिए कि आपने क्या करने के लिए सोचा है, बुद्धिमानी से इसे रहस्य बनाए रखिए और इस काम को करने के लिए दृढ़ रहिए।

—आचार्य चाणक्य

पुण्यमयी मातृभूमि भारत की विशाल ऐतिहासिक परंपरा में वैभव और पराभव, उत्कर्ष एवं अपकर्ष के अनेक कालखंड मिलते हैं। उन्नति और अवनति दोनों ही में उसने अपनी राष्ट्रीय चेतना को जाग्रत् रखा है। दोनों ही स्थितियों में अपनी आत्मा को बलवती बनाया है। पराभव प्राप्त होने पर उसने काल-चक्र की गति को बदलनेवाले उन कर्मठ वीरों को जन्म दिया, जिन्होंने अपनी मनस्विता, स्वाभिमान एवं नीति-निपुणता द्वारा राष्ट्रीय आत्मा की सुप्त शक्ति को जगाया। यह शक्ति अन्याय और अत्याचार की भीषण आँधी में भी अपने स्थान पर शांत मुद्रा से डटी रही।

इसी प्रकार इसके वैभव और शांति के काल में वे ऋषि एवं तत्त्वज्ञ हुए, जिन्होंने आत्मा की ईश्वरीय शक्ति का साक्षात्कार करके मानव के कल्याण के लिए सत्य सिद्धांतों का प्रतिपादन किया।

इसी परंपरा में भारत में एक ऋषितुल्य आचार्य का भी कालखंड आता है। इन ऋषितुल्य आचार्य का नाम था विष्णुगुप्त। विष्णुगुप्त एक ब्राह्मण माता-पिता की संतान थे। जन्म से ओजस्वी विष्णुगुप्त अपने देश भारत के प्रति भी समर्पित थे। अध्यापन कार्य उनके जीवकोपार्जन का साधन था। आचार्य समाज का विवेक होता है और छात्र उसकी उर्जस्वित शक्ति, दोनों के क्रियाशील रागात्मक संबंध ही सामाजिक परिवेश को संस्कारित करते हैं, यह बात आचार्य विष्णुगुप्त चाणक्य भली-भाँति समझते थे। आचार्य चाणक्य में राष्ट्र-निर्माण की अटूट भावना थी।

राष्ट्र की सुरक्षा में शस्त्र से अधिक शास्त्र का स्थान है। शक्ति से अधिक युक्ति का महत्त्व है। परंतु यह भी सत्य है कि देश की सुरक्षा के लिए शास्त्र अथवा युक्ति बगैर शस्त्र अथवा शक्ति के निरर्थक है। युक्ति और शक्ति का सुंदर संयोग ही सिद्धि के रहस्य का उद्घाटन करता है।

आचार्य चाणक्य का अपने विषय में कहना था, ''मैं ब्राह्मण हूँ। करुणा मेरा साम्राज्य है, प्रेम मेरा धर्म है, आनंदरूपी समुद्र के शांति द्वीप का मैं अधिवासी हूँ, चंद्र एवं सूर्य मेरे नक्षत्र एवं दीप हैं, यह अनंत आकाश वितान तथा शस्य श्यामला कोमला विशंभरा मेरी शय्या है, बौद्धिक विनोद मेरा कर्म है और संतोष मेरा धन।''

परंतु तत्कालीन भारत के अभिशाप तक्षशिला का देशद्रोही राजकुमार आंभीक, पंचनद नरेश पुरु तथा मगध का विलासी सम्राट् नंद द्वारा देश के लिए विकट एवं विषम परिस्थितियों के निर्माण करने से आचार्य चाणक्य को अपनी उपर्युक्त पहचान को किनारे कर युक्ति और शक्ति द्वारा राष्ट्रमंदिर का भव्यतम स्वरूप खड़ा करने के लिए प्रेरित किया। परिणामस्वरूप उन्होंने अपने भावुक और देशनिष्ठ शिष्य चंद्रगुप्त को अपने साथ साधना-पथ पर चलने को प्रेरित किया। आचार्य चाणक्य की संगठनकुशलता से ही नंद-पुत्री नंदिता तथा आंभीक-भगनी अलका भी उनके साधना-पथ की सहयात्री बनी।

आचार्य चाणक्य अपनी दूर-दृष्टि से देख रहे थे कि भारत पूर्णत: शक्तिशाली नहीं है। समाज विश्रृंखल व्यक्तिनिष्ठ है। इन अवगुणों के कारण

देश दिन-प्रतिदिन दुर्बल हो रहा है। देश की आत्मा के साथ अपनी आत्मा को समरस करने के कारण इस दुर्बलता की वेदना को अनुभव किया। तब आचार्य चाणक्य ने एक विशाल साम्राज्य के मानचित्र की कल्पना की और उस साम्राज्य का सम्राट् चंद्रगुप्त को बनाने का प्रण किया।

आचार्य चाणक्य ने चंद्रगुप्त के नेतृत्व में एक विशाल सेना का गठन किया और उस सेना तथा चंद्रगुप्त की अजेय शक्ति द्वारा विश्व-विजय की कामना करनेवाले युद्धोन्मादी सिकंदर की सैन्य-वाहिनियों को अपने अधूरे स्वप्न ही लेकर बेवीलोनिया वापस लौटने के लिए विवश कर दिया। इतिहास साक्षी है कि पुरु के युद्ध के पश्चात् सिकंदर की छावनी तथा उसके बाहर भी उस क्षेत्र का चप्पा-चप्पा सिकंदर का मनोबल तोड़नेवाले व्यक्तियों से भरा पड़ा था, जिसका पूरा श्रेय दूरदर्शी आचार्य चाणक्य को ही जाता है। इसके परिणामस्वरूप सिकंदर को असफलता की आग में जलते हुए बड़ी दयनीय दशा में वापस लौटना पड़ा। लेकिन सिकंदर अपना अपमान बरदाश्त नहीं कर पाया और मार्ग में ही अपने प्राण त्याग दिए तथा अपनी मातृभूमि के दर्शन भी नहीं कर सका। यहाँ यह स्पष्ट करना आवश्यक है कि नाना इतिहासकारों के इस घटना के बाबत विभिन्न मत हैं।

आचार्य चाणक्य जहाँ एलेक्जेंडर या सिकंदर जैसे महत्त्वाकांक्षी, कूटनीतिज्ञ एवं युद्ध-पिपासु साम्राज्यवादी को भारत की सीमा से बहुत दूर खदेड़ देने की सफलतम योजनाओं के स्रष्टा थे, वहीं देश की आंतरिक दशा के प्रति उतने ही सतर्क, सचेष्ट और चिंतित थे।

आचार्य चाणक्य जीवनपर्यंत स्वयं पद और प्रतिष्ठा से निर्लिप्त रहकर राष्ट्र को एक सुदृढ़ आधार पर खड़ा करते रहे। आचार्य चाणक्य ने उस समय के अनेक गणराज्यों एवं जातियों के परस्पर वैरभाव को मिटाकर उनको एकसूत्रता का व्यावहारिक तथा चिरस्थायी पाठ भी पढ़ाया। इसी का परिणाम था कि उस समय का स्थापित किया हुआ साम्राज्य अनेक झंझाओं के बाद भी लंबे समय तक गौरवपूर्ण ढंग से भारतीय संस्कृति की जय-गाथा सुनाता रहा।

चाणक्य का सामाजिक दृष्टिकोण

चाणक्य का प्रतिशोधपूर्ण जीवन व्यक्तियों को प्रतिशोध लेने की भावना को प्रेरित करता है, लेकिन व्यक्तिगत प्रतिशोध चाणक्य का उद्देश्य नहीं था। वे चाहते थे कि राज्य सुरक्षित रहे, शासन सुचारु ढंग से चले और प्रजा सुख-शांतिपूर्वक रहे। उन्होंने लोगों की संपन्नता सुनिश्चित करने के लिए दो तरीके अपनाए। पहला, अमात्य राक्षस को चंद्रगुप्त का मंत्री बना दिया गया। दूसरा, एक पुस्तक लिखी गई जिसमें राजा के आचार-व्यवहार का वर्णन किया गया कि वह शत्रुओं से अपनी और राज्य की रक्षा कैसे करे, कानून-व्यवस्था को कैसे सुनिश्चित करे आदि।

चाणक्य का सपना था कि राजनीतिक, आर्थिक और सामाजिक रूप से भारत विश्व में अग्रदूत बने। उनकी पुस्तक 'अर्थशास्त्र' में उनके सपनों के भारत के दर्शन किए जा सकते हैं। 'नीतिशास्त्र' एवं 'चाणक्य नीति' में उनकी विचारोत्तेजकता से प्रेरणा ग्रहण की जा सकती है। उनके कुछ विचारों से उनके सामाजिक दृष्टिकोण को समझा जा सकता है—

जनसामान्य की सुख-संपन्नता ही राजा की सुख-संपन्नता है। उनका कल्याण ही उसका कल्याण है। राजा को अपने निजी हित या कल्याण के बारे में कभी नहीं सोचना चाहिए, बल्कि अपना सुख अपनी प्रजा के सुख में खोजना चाहिए।

राजा का गुप्त कार्य है निरंतर प्रजा के कल्याण के लिए संघर्षरत रहना। राज्य का प्रशासन सुचारु रखना उसका धर्म है। उसका सबसे बड़ा उपहार है, सबसे समान व्यवहार करना।

आत्मनिर्भर अर्थव्यवस्था श्रेष्ठ अर्थव्यवस्था है जो विदेश व्यापार पर निर्भर नहीं होनी चाहिए। समतावादी समाज हो, जहाँ सबके लिए समान अवसर हों।

चाणक्य के अनुसार, संसाधनों के विकास के लिए प्रभावी भू-व्यवस्था होनी आवश्यक है। राज्य के लिए यह आवश्यक है कि वह जमींदारों पर नजर रखे कि वे अधिक भूमि पर कब्जा न करें और भूमि का अनधिकृत

इस्तेमाल न करें। राज्य को कृषि-विकास पर सतत नजर रखनी चाहिए। सरकारी मशीनरी को बीज बोने से लेकर फसल काटने तक की प्रक्रियाओं के उन्नयन की दिशा में कार्यरत रहना चाहिए।

राज्य का कानून सबके लिए समान होना चाहिए। नागरिकों की सुरक्षा सरकार के लिए महत्त्वपूर्ण होनी चाहिए, क्योंकि वही उनका एकमात्र रक्षक है, जो केवल उसकी उदासीनता के कारण ही असुरक्षित हो सकती है।

चाणक्य एक ऐसे समाज का निर्माण करना चाहते थे जो भौतिक आनंद से आत्मिक आनंद को अधिक अहमियत देता हो। उनका कहना था कि आंतरिक शक्ति और चारित्रिक विकास के लिए आत्मिक विकास आवश्यक है। देश और समाज के आत्मिक विकास की तुलना में भौतिक आनंद और उपलब्धियाँ हमेशा द्वितीयक हैं।

2300 वर्ष पहले लिखे गए चाणक्य के ये शब्द आज भी हमारा मार्गदर्शन करते हैं। अगर उनकी राजनीति के सिद्धांतों का थोड़ा भी पालन किया जाए तो कोई भी राष्ट्र महान्, अग्रदूत और अनुकरणीय बन सकता है।

देहांत

चाणक्य के जन्म के समान उनकी मृत्यु आदि के बारे में भी कोई प्रामाणिक जानकारी ऐतिहासिक ग्रंथों में नहीं मिलती। कई जगह कहा गया है कि वे वयोवृद्ध होकर 283 ईसा पूर्व के आस-पास दिवंगत हुए। उनका अंतिम संस्कार उनके अनुयायी राधागुप्त ने किया, जो मौर्य साम्राज्य का प्रधानमंत्री था।

चंद्रगुप्त के कई दुश्मन थे। राजा नंद भी उनमें शामिल था। उसने उन्हें कई बार जहर देकर मारने की कोशिश की। अतः चंद्रगुप्त की जहर-प्रतिरोधक क्षमता को बढ़ाने के लिए चाणक्य ने उसे भोजन में थोड़ा-थोड़ा जहर मिलाकर देना आरंभ कर दिया।

चंद्रगुप्त को भोजन में जहर दिए जाने की बात ज्ञात नहीं थी, इसलिए एक दिन उसने अपने भोजन में से थोड़ा अपनी पत्नी को भी दे दिया, जो नौ

माह की गर्भवती थी। जहर की तीव्रता वह नहीं झेल पाई और काल-कवलित हो गई, लेकिन चाणक्य ने उसका पेट चीरकर नवजात शिशु को बचा लिया।

वह शिशु बड़ा होकर एक योग्य सम्राट् बिंदुसार बना। उसका सुबंधु नाम का एक मंत्री था। सुबंधु चाणक्य को फूटी आँखों पसंद नहीं करता था। उसने बिंदुसार के कान भरने शुरू कर दिए कि चाणक्य उसकी माता का हत्यारा है।

तथ्यों को जाँचे-परखे बगैर वह चाणक्य के विरुद्ध खड़ा हो गया। लेकिन जब उसे सच्चाई ज्ञात हुई तो वह बहुत शरमिंदा हुआ और अपने दुर्व्यवहार के लिए चाणक्य से क्षमा माँगी। उसने सुबंधु से भी कहा कि जाकर चाणक्य से क्षमा माँगे।

सुबंधु बड़ा कुटिल व्यक्ति था, चाणक्य से क्षमा माँगने का बहाना करते हुए उसने धोखे से उनकी हत्या कर दी। इस प्रकार राजनीतिक षड्यंत्र के चलते एक महान् व्यक्ति के जीवन का अंत हो गया।

□□□